CW01102957

Cont... [Contents]

First published in 1998 by

George Philip Ltd
an imprint of Reed Consumer Books Ltd
Michelin House, 81 Fulham Road, London SW3 6RB
and Auckland and Melbourne

First edition 1998

To the best of the Publisher's knowledge, the information in this atlas was
correct at the time of going to press. No responsibility can be accepted
for any errors or their consequences.

The representation in this atlas of any road, drive or track is no evidence
of the existence of a right of way.

The town plan of Dublin is based upon the Ordnance Survey Map by
permission of the Government of the Republic of Ireland. Permit No. 6629

The town plans of Edinburgh and London are based upon the Ordnance
Survey maps with the permission of the Controller of Her Majesty's
Stationery Office
© Crown Copyright 399817

Printed and bound in Italy by G. Canale & C. S.p.A

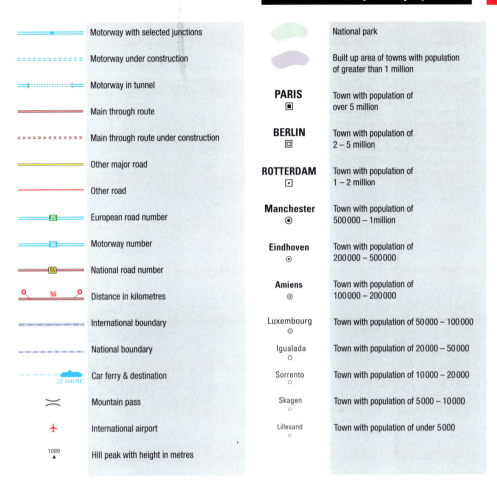

Motorway with selected junctions

Motorway under construction

Motorway in tunnel

Main through route

Main through route under construction

Other major road

Other road

European road number

Motorway number

National road number

Distance in kilometres

International boundary

National boundary

Car ferry & destination

Mountain pass

International airport

Hill peak with height in metres

National park

Built up area of towns with population of greater than 1 million

PARIS — Town with population of over 5 million

BERLIN — Town with population of 2 – 5 million

ROTTERDAM — Town with population of 1 – 2 million

Manchester — Town with population of 500 000 – 1 million

Eindhoven — Town with population of 200 000 – 500 000

Amiens — Town with population of 100 000 – 200 000

Luxembourg — Town with population of 50 000 – 100 000

Igualada — Town with population of 20 000 – 50 000

Sorrento — Town with population of 10 000 – 20 000

Skagen — Town with population of 5 000 – 10 000

Lillesand — Town with population of under 5 000

Scale 1:3 500 000, c. 55 miles to 1 inch

Scale 1:4 500 000, c. 71 miles to 1 inch   pages 2, 3, 8 and 9

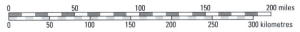

ÍSLAND

Faeroes
Torshavn

Shetland
Islands
Lerwick

Stromness
Scrabster
Orkney
Islands

Inverness

Aberdeen

Glasgow
Edinburgh

Campbeltown
Ballycastle
Larne
Belfast
Stranraer

Newcastle

Galway
REPUBLIC OF
IRELAND
Isle of
Man
Heysham

UNITED
KINGDOM

Limerick
Dublin
Fleetwood
Leeds
Kingston-
upon-Hull

Tralee
Holyhead
Liverpool
Manchester
Grimsby

Cork
Rosslare
Birmingham
Leicester
Norwich

Fishguard
Pembroke
Harwich

Cardiff
London
Ramsgate

Bristol
Folkestone

Plymouth
Weymouth
Poole
Portsmouth
Dover
Calais

Penzance
Newhaven

Isles of Scilly
Channel
Islands
Cherbourg
Dieppe

Trondheim
Molde
Ålesund

N
O
R
G
E

Bergen

Haugesund
Stavanger
Egersund
Larvik
Oslo

Kristiansand

Skagen
Hirtshals
Frederiks-
havn
Hanstholm
Varberg
Aalborg
Halmsta
DANMARK
Grenå
Helsin
Århus
København
Esbjerg
Odense

Rødby
Kiel
Puttgar

Lübeck
Cuxhaven
Wilhelmshaven
Hamburg
Groningen
Bremen
Lüneburg
Amsterdam
Hannover
NEDERLAND
Rotterdam
Arnhem
Münster
Braun-
schweig
Zeebrugge
Oostende
Dunkerque
Antwerpen
Dortmund
Mag
Düsseldorf
DEUTSCHL
Bruxelles
BELGIQUE
Lille
Liège
Köln
Bonn
Leipzig

Distances are shown in kilometres. They are based on main routes as far as possible and are not necessarily the shortest. Journeys involving ferry crossings are shown in blue.

Example: the distance between Dublin and Göteburg is 477 kilometres, and part of the journey is by ferry

	Calais				
Dublin	548				
Edinburgh	726	346			
Frankfurt	575	1123	1301		
Göteborg	1342	477	176	1067	
Hamburg	760	477	1486	485	582

Amsterdam

Athínai — 2945

Barcelona — 1505 3192

Bergen — 1484 3742 2803

Berlin — 650 2412 1863 1309

Bruxelles — 197 2895 1308 1586 764

Bucuresti — 2245 1219 2644 3037 1707 2181

Budapest — 1420 1530 1999 2212 882 1358 852

Calais — 367 3100 1269 1783 956 215 2398 1573

Dublin — 533 3630 1817 270 1504 763 3021 2196 548

Edinburgh — 1093 3826 1995 176 1696 941 3124 2299 726 346

Frankfurt — 441 2499 1313 1508 550 383 1804 979 575 1123 1301

Göteborg — 1029 3080 2362 819 668 1145 1734 1550 1342 477 176 1067

Hamburg — 447 2719 1780 1023 286 563 2014 1189 760 477 1486 485 582

Helsinki — 1560 2539 2338 1063 475 1239 1834 1009 1431 1318 1236 1598 505 1113

Istanbul — 2756 1145 2990 3653 2223 2706 690 1341 2911 3537 3657 2314 2891 2530 2350

København — 965 2782 2090 1103 370 1081 2077 1252 752 479 795 284 518 803 2593

Köln — 256 2684 1376 1427 566 198 1983 1158 390 938 1116 180 986 404 1517 2499 714

Lisboa — 2331 4460 1268 3723 2869 3141 3917 3222 2069 2617 2795 2400 3282 2700 3817 4342 3014 2339

London — 480 3200 1387 458 1074 333 2591 1766 118 430 608 693 122 878 1991 3107 1188 508 2187

Luxembourg — 406 2661 1190 1613 749 209 2052 1227 424 972 1150 240 1172 590 1703 2472 900 186 2160 542

Madrid — 1790 3809 617 3183 2364 1600 3262 2622 1528 1634 2254 1930 2742 2160 3276 3589 2473 1798 651 1646 1628

Marseille — 1210 2683 509 2435 1541 1030 2154 1505 1063 1588 1789 1023 1994 1412 2525 2479 1722 1006 1777 1182 822 1126

Milano — 1085 2182 1038 2141 1060 890 1668 992 1072 1620 1798 683 1700 1118 1535 1993 1428 868 2315 1190 679 1655 538

Moskva — 2457 2930 3655 2223 1821 2585 1761 2099 2800 3348 3526 2312 1665 2115 1160 2605 2325 2387 4875 2918 2852 4224 3270 3027

München — 839 2106 1340 1788 594 789 1907 672 994 1524 1720 398 1347 765 1069 1907 969 580 2545 1094 555 2010 1011 473 2305

Oslo — 1347 3372 2680 503 960 1463 2667 1842 1660 773 729 1385 316 900 697 3089 590 1304 3604 1778 1490 3063 2312 2018 1823 1559

Paris — 510 2917 988 1922 1051 320 2307 1482 281 829 1007 591 1481 899 2012 2727 1209 495 1821 399 351 1280 782 857 2903 810 1799

Praha — 950 2067 1750 1675 345 888 1362 537 1097 1635 1816 512 1013 652 770 1878 715 690 2870 1205 753 2329 1399 853 1853 388 1305 1061

Roma — 1691 1140 1385 2706 1502 1520 1904 1263 1678 2226 2404 1289 2265 1683 1977 2237 1993 1474 2653 1796 1285 2002 876 606 3362 918 2583 1389 1309

Sevilla — 2347 4223 1031 3736 2894 2150 3709 3010 2078 2626 2804 2344 3295 2713 3826 4034 3023 2318 401 2196 2178 550 1540 2078 4774 2371 3613 1830 2781 2446

Sofiya — 2206 828 2453 3103 1673 2156 391 790 2361 2891 3087 1764 2341 1980 1800 550 2043 1949 3706 2461 1922 3037 1929 1443 2252 1367 2632 2177 1328 1687 3484

Stockholm — 1393 3418 2726 1063 1006 509 2713 1888 1673 2254 1069 1431 505 946 167 3185 590 1350 3650 1824 1536 3109 2358 2064 1228 1600 530 1845 1351 2629 3659 2679

Warszawa — 1256 2128 2366 1909 606 1350 1473 648 1542 2110 2268 1136 1274 886 361 1989 956 1152 3480 1680 1345 2960 2015 1469 1245 996 1506 1677 616 1853 3397 1439 1612

Wien — 1168 1772 1856 1970 640 1114 1067 242 1308 1954 2034 731 1308 947 1088 1583 1010 916 3100 1524 993 2473 1353 818 2137 430 1600 1240 295 1126 2876 1033 1646 727

Zürich — 816 2426 1030 1938 863 619 1810 985 804 1352 1530 464 1497 915 2164 2323 1433 589 2296 922 410 1647 699 292 2552 303 1815 592 691 898 2061 1173 1861 1307 743

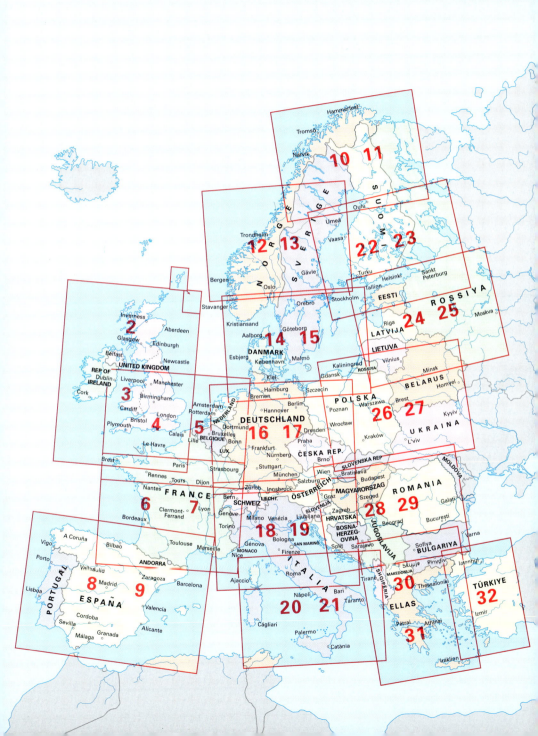

COSTA VERDE

COSTA MONTAÑESA

PLYMOUTH POOLE · PORTSMOUTH

C. Ortegal
Ortigueira
C. de Peñas
Ribadeo
Luarca
Avilés
Gijón
Villaviciosa
C. de Ajo
El Ferrol
Vivero
Mondoñedo
Tineo
Salas
Oviedo
Pola de Siero
Llanes
San Vicente de la Barquera
Santander
Santoña
Castro Urdiales
Pontedeume
A Coruña
Villalba
Baamonde
Cangas de Narcea
Grado
Mieres
Langreo
Picos de Europa 2648
Torrelavega
Reinosa
Laredo
Barakaldo
Betanzos
Carballo
Lugo
Fonsagrada
Pola de Lena
Riaño
Amurrio
Orduña
C. Touriñán
Ordes
Mellide
Becerreá
Villablino
Puerto de Pajares
La Pola de Gordón
La Robla
Saldaña
Osomo
Oña
Briviesca
Santiago de Compostela
Sarria
Villafranca del Bierzo
León
Sahagún
Burgos
Santo Domingo de la Calzada
C. Fisterra
A Estrada
Lalín
Chantada
Ponferrada
Astorga
La Bañeza
Valencia de Don Juan
Villalón de Campos
Palencia
Medina de Rioseco
Salas de los Infantes
Vimianzo
Corcubión
Noia
Padrón
Caldas de Reis
Monforte de Lemos
Pobra de Trives
Benavente
Burgo de Osma
Muros
Villagarcía de Arosa
Pontevedra
O Carballiño
Zamora
Toro
Tordesillas
Valladolid
Aranda de Duero
San Esteban de Gormaz
Marín
Redondela
Orense
Sil
Medina del Campo
Cuéllar
Boceguillas
Vigo
Ponteareas
Celanova
Xinzo de Limia
Verín
A Gudiña
Bragança
Alcañices
Fermoselle
Cañizal
Olmedo
Puerto de Somosierra
Tuy
Valença
Xinzo de Limia
Miranda do Douro
Ledesma
Arévalo
Segovia
El Molar
Caminha
Bragança
Chaves
Mirandela
Murça
Vila Pouca de Aguiar
Vila Real
Miranda do Douro
La Fuente de San Esteban
Peñaranda de Bracamonte
Villacastín
El Escorial
Guadalajara
Viana do Castelo
Braga
Guimarães
Amarante
Torre de Moncorvo
Peso da Régua
Vila Nova de Foz Côa
Vitigudino
Salamanca
Alba de Tormes
Ávila
El Escorial
Alcobendas
Alcalá de Henares
Póvoa de Varzim
Vila do Conde
Matosinhos
Porto
Vila Nova de Gaia
Penafiel
Lamego
São João da Madeira
Oliveira de Azeméis
Viseu
Celorico da Beira
Pinhel
Vilar Formoso
Fuentes de Oñoro
Ciudad Rodrigo
Béjar
San Martín de Valdeiglesias
Pico Almanzor 2592
Arenas de San Pedro
Navalcarnero
MADRID
Leganés
Getafe
Arganda
Ovar
Águeda
Manguaide
Tondela
Guarda
Belmonte
Covilhã
Fundão
Hoyos
Plasencia
Coria
Navalmoral de la Mata
Talavera de la Reina
Illescas
Parla
Aranjuez
Ocaña
Aveiro
Mira
Mealhada
Coimbra
Miranda do Corvo
Penamacor
Castelo Branco
Alcántara
Belvis de la Jara
Navahermosa
Orgaz
Toledo
Maqueda
Figueira da Foz
Pombal
Leiria
Proença-a-Nova
Nisa
Valencia de Alcántara
Trujillo
Guadalupe
Logrosán
Madridejos
Quintanar de la Orden
Pedro Muñoz
Tomar
Abrantes
Gavião
Portalegre
Ponte de Sor
Arronches
Cáceres
Zorita
Miajadas
Malagón
Fuente el Fresno
Alcázar de San Juan
Tomelloso
Manzanares
Torres Novas
Santarém
Almeirim
Cartaxo
Coruche
Estremoz
Campo Maior
Mérida
Don Benito
Villanueva de la Serena
Ciudad Real
Daimiel
Almagro
Valdepeñas
Caldas da Rainha
Peniche
C. Carvoeiro
Torres Vedras
Mafra
Sintra
C. da Roca
Estoril
Almeirim
Azambuja
Vila Franca de Xira
LISBOA
Almada
Barreiro
Setúbal
Montijo
Vendas Novas
Montemor-o-Novo
Évora
Elvas
Badajoz
Olivenza
Almendralejo
Castuera
Almadén
Almodóvar del Campo
Puertollano
Villanueva de los Infantes
C. Espichel
Alcácer do Sal
Viana do Alentejo
Reguengos de Monsaraz
Jerez de los Caballeros
Zafra
Los Santos de Maimona
Villafranca de los Barros
La Albuera
Hinojosa del Duque
Pozoblanco
B. de Setúbal
Grândola
Santiago do Cacém
Ferreira do Alentejo
Beja
Moura
Llerena
Azuaga
Peñarroya-Pueblonuevo
Fuente Obejuna
Espiel
Montoro
Andújar
Bailén
La Carolina
Linares
Úbeda
C. de Sines
Sines
Cercal
Aljustrel
Barrancos
Fregenal de la Sierra
Aracena
Posadas
Córdoba
Martos
Baeza
Jaén
Odemira
Mértola
Cortegana
Valverde del Camino
Nerva
La Palma del Condado
Lora del Río
Carmona
La Carlota
Montilla
Baena
Lucena
Cabra
Alcalá la Real
Priego de Córdoba
Huelma
Monchique
Portimão
Lagoa
Loulé
Vila Real de Santo António
Ayamonte
Huelva
Moguer
Sanlúcar la Mayor
Sevilla
Écija
Estepa
Loja
Santa Fe
Granada
Vila do Bispo
C. de São Vicente
Sagres
Lagos
Albufeira
Faro
Olhão
Tavira
Dos Hermanas
Utrera
Osuna
Morón de la Frontera
Marchena
Antequera
Archidona
Alhama de Granada
Orjiva
Albuñol
Motril
Lebrija
Arcos de la Frontera
Campillos
Ronda
Vélez Málaga
Sanlúcar de Barrameda
El Puerto de Santa María
Jerez de la Frontera
Cádiz
Puerto Real
Medina Sidonia
San Fernando
Chiclana de la Frontera
Vejer de la Frontera
Coín
Marbella
Fuengirola
Torremolinos
Málaga
C. Trafalgar
Algeciras
La Línea de la Concepción
Gibraltar
Pta. de Europa
Ceuta
Tarifa
San Roque
Str. of Gibraltar
Tanger

ISLAS CANARIAS

G. de Cádiz

COSTA DE LA LUZ

COSTA DEL SOL

CORDILLERA CANTÁBRICA

PORTUGAL

ESPAÑA

CASTILLA Y LEON

SIERRA MORENA

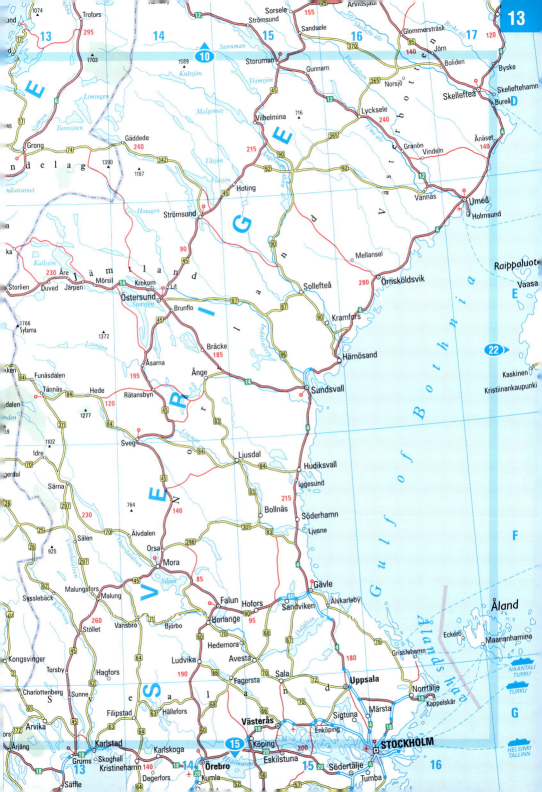

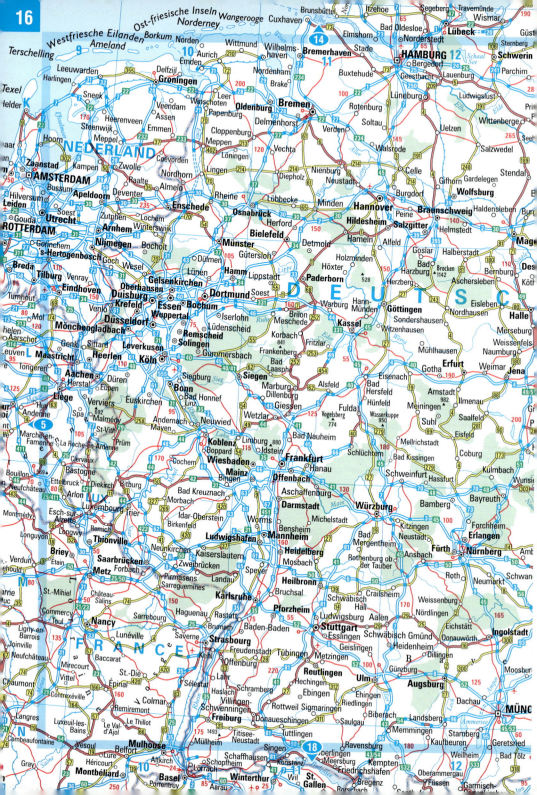

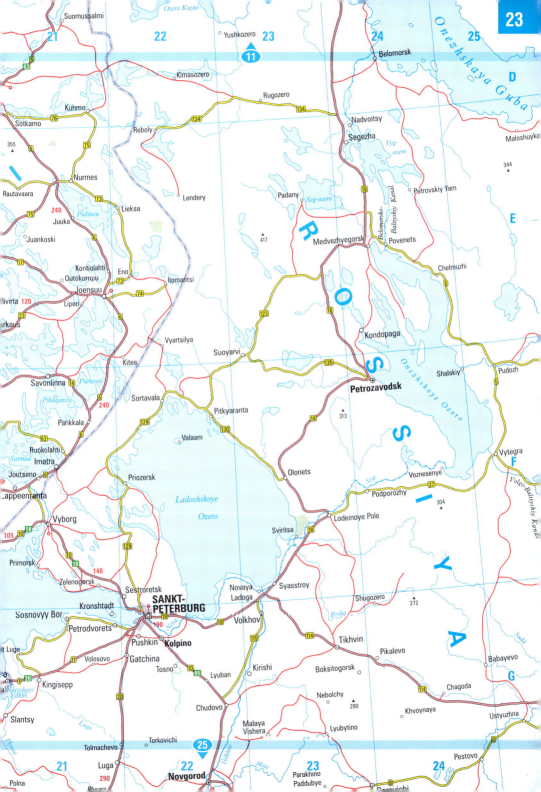

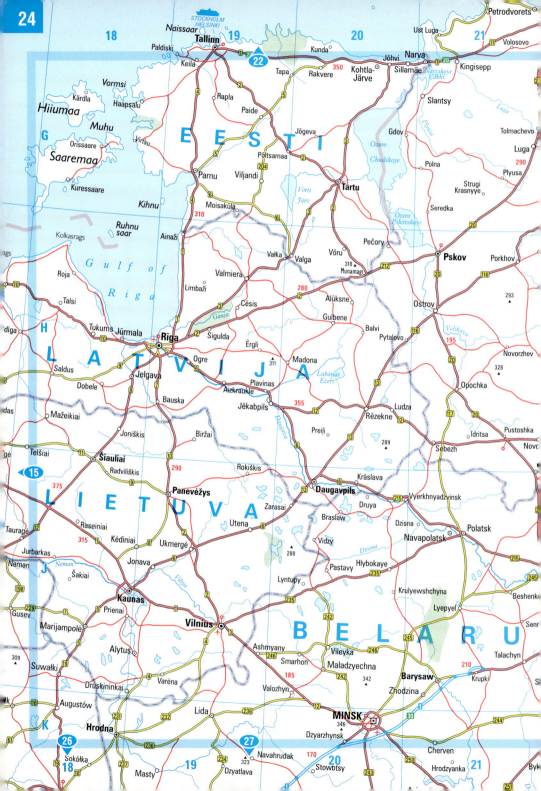

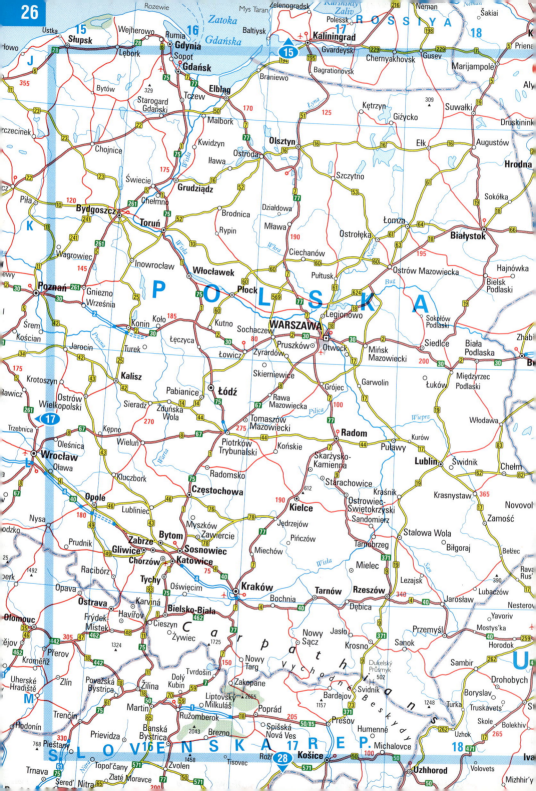

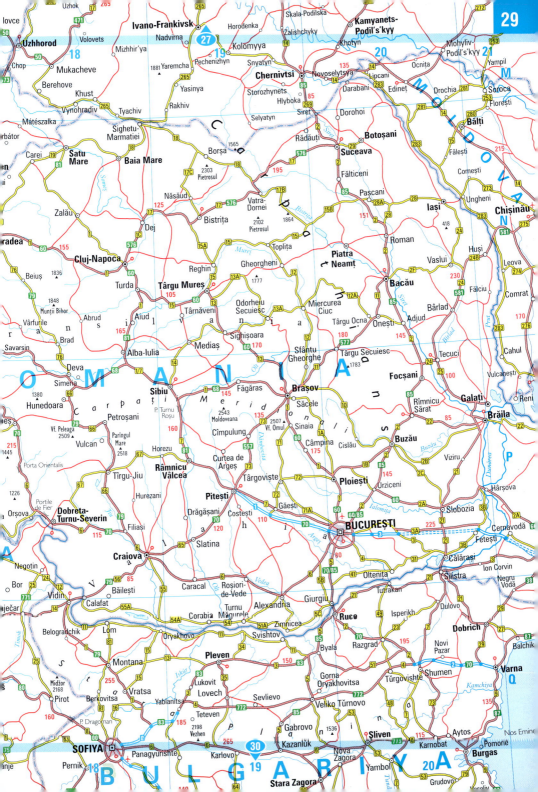

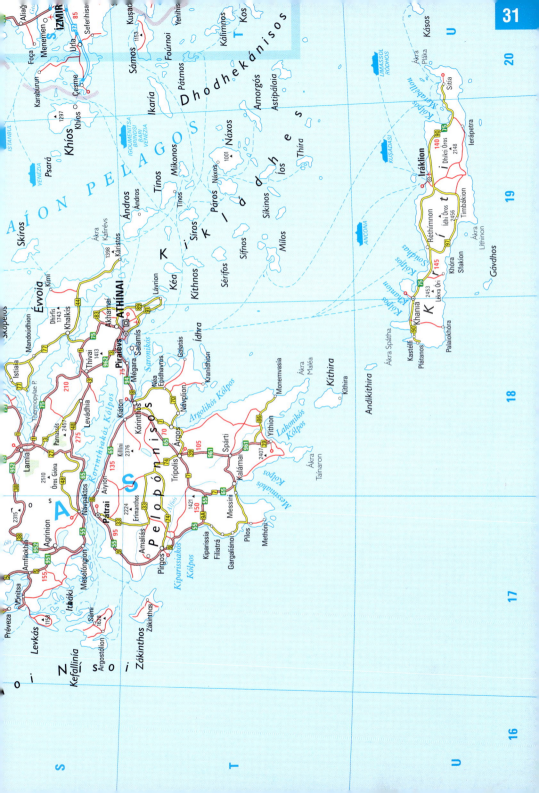

Key to city plan symbols

▬▬▬	Motorway	✝	Abbey / Cathedral	🄘	Tourist information centre
▬▬▬	Through route	🚢	Car ferry	⊖ Ⓤ Ⓜ Ⓣ	Underground / Metro station
▬▬▬	Secondary road	✝	Church of interest	*Theatre* ▭	Place of interest
▬▬▬	Other road	⊞	Hospital	BOLOGNA	Destination
←	One way street	Ⓟ	Parking	A7	Motorway number
··············	Limited access / pedestrian road	POL	Police station	447	National road number
▭	Rail / bus station	✉	Post office	E45	European road number

Key to approach map symbols

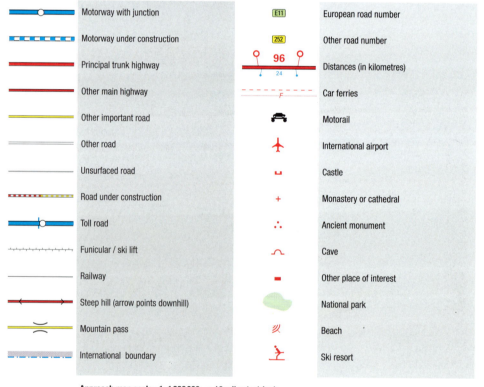

▬◯▬	Motorway with junction	E11	European road number
▬▬▬	Motorway under construction	252	Other road number
▬▬▬	Principal trunk highway	96 24	Distances (in kilometres)
▬▬▬	Other main highway	– – – F – – –	Car ferries
▬▬▬	Other important road	🚗	Motorail
▬▬▬	Other road	✈	International airport
▬▬▬	Unsurfaced road	▫	Castle
▬▬▬	Road under construction	+	Monastery or cathedral
▬◯▬	Toll road	∴	Ancient monument
┼┼┼┼┼	Funicular / ski lift	∩	Cave
▬▬▬	Railway	▬	Other place of interest
←▬▬→	Steep hill (arrow points downhill)	☁	National park
▬⌣▬	Mountain pass	〃	Beach
▬▬▬	International boundary	🎿	Ski resort

Approach map scale : 1 : 1 000 000, c. **16 miles to 1 inch**

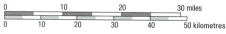

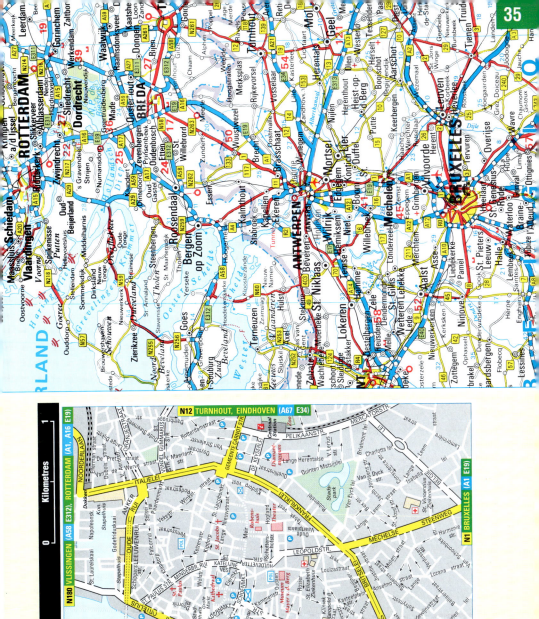

Antwerpen

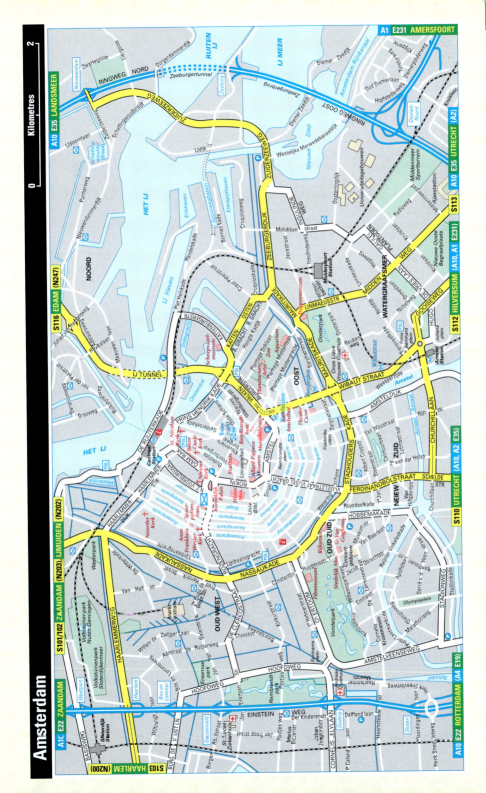

Amsterdam

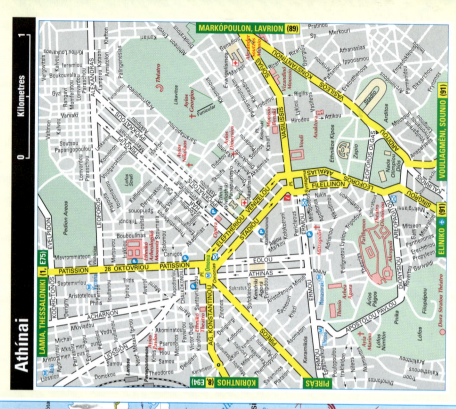

Athínai

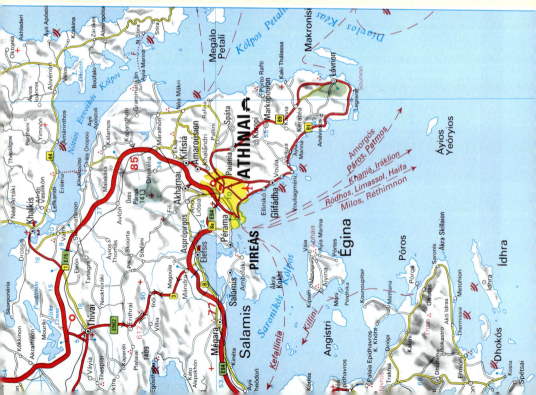

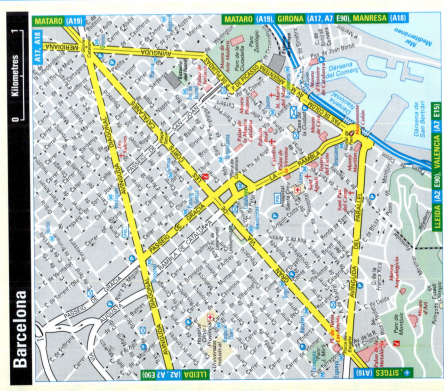

Barcelona

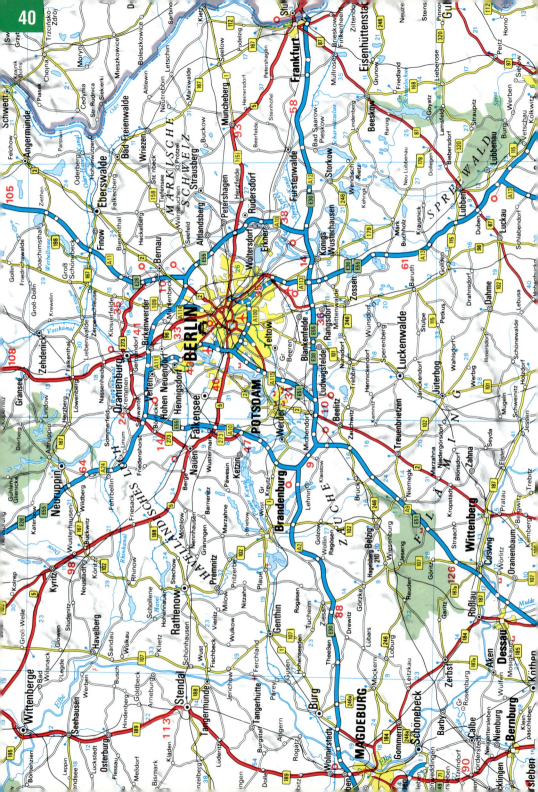

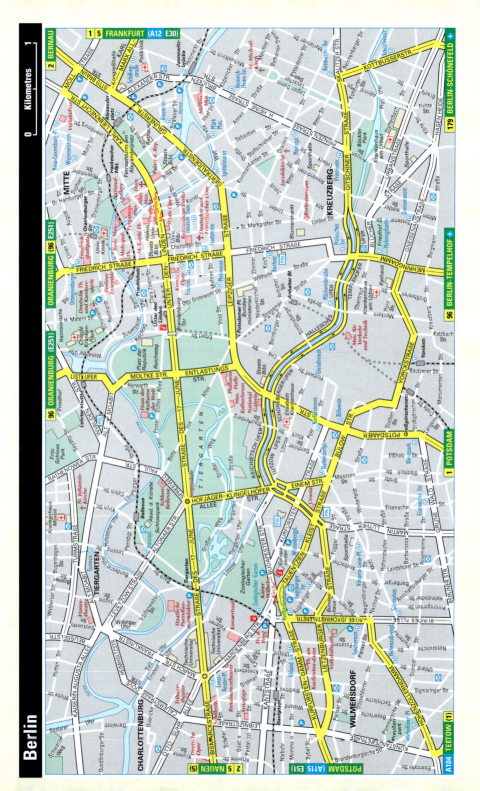

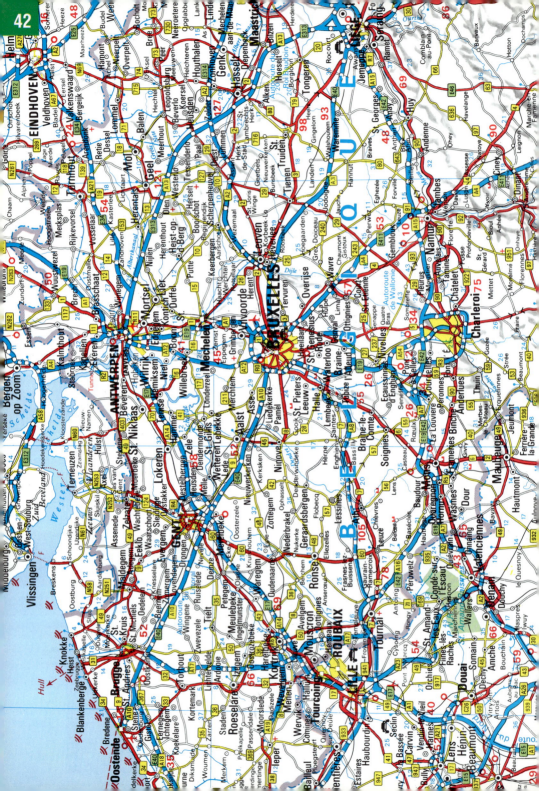

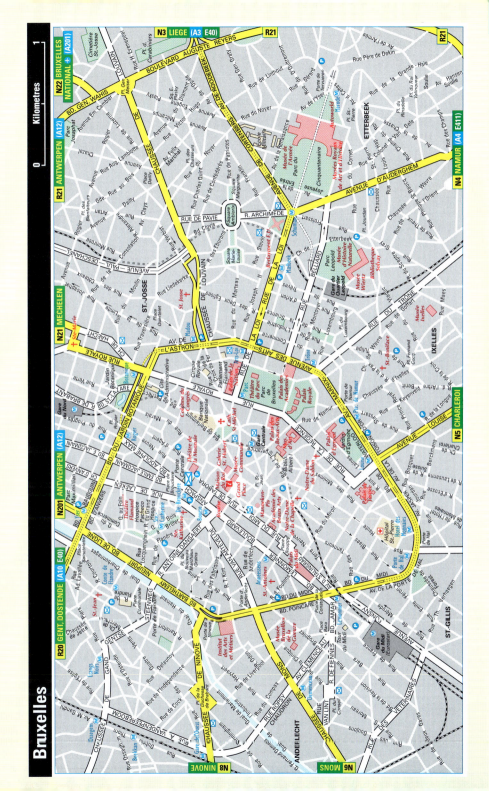

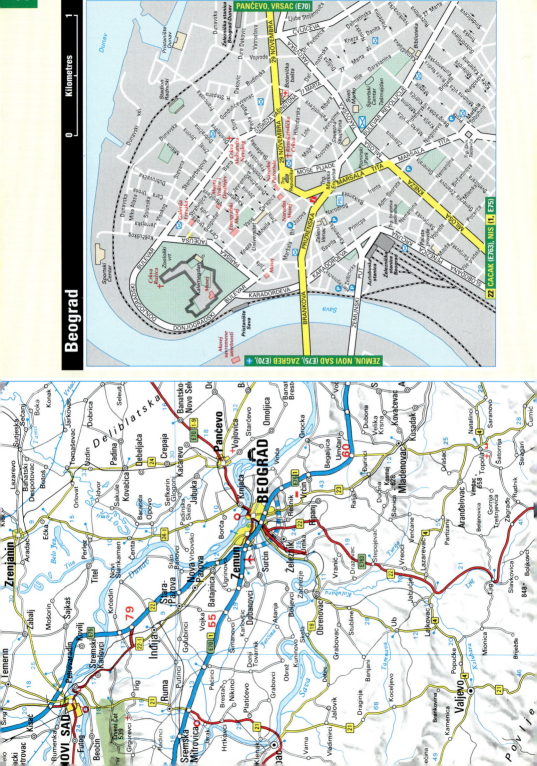

Beograd

Düsseldorf

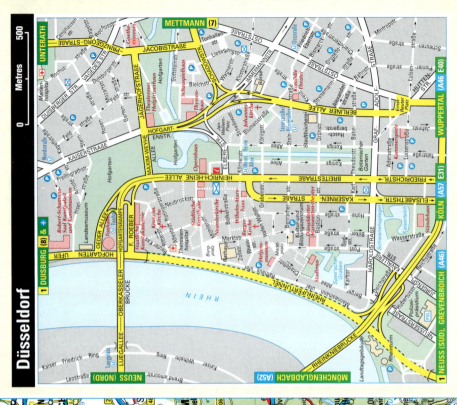

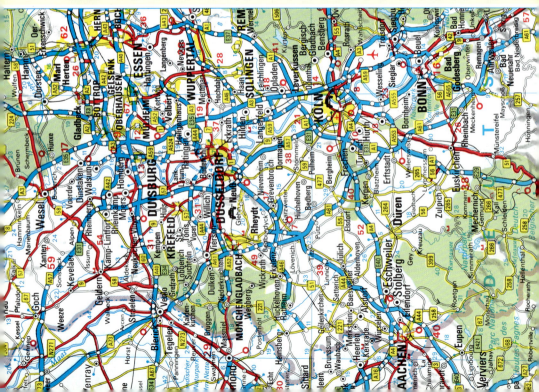

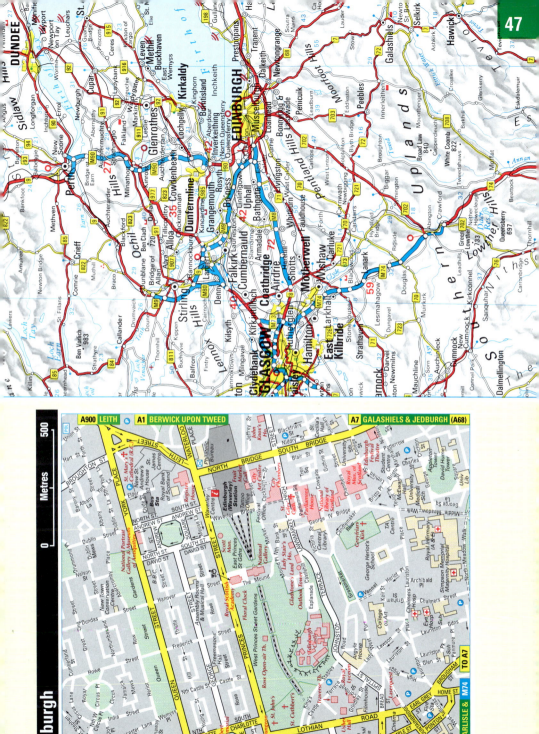

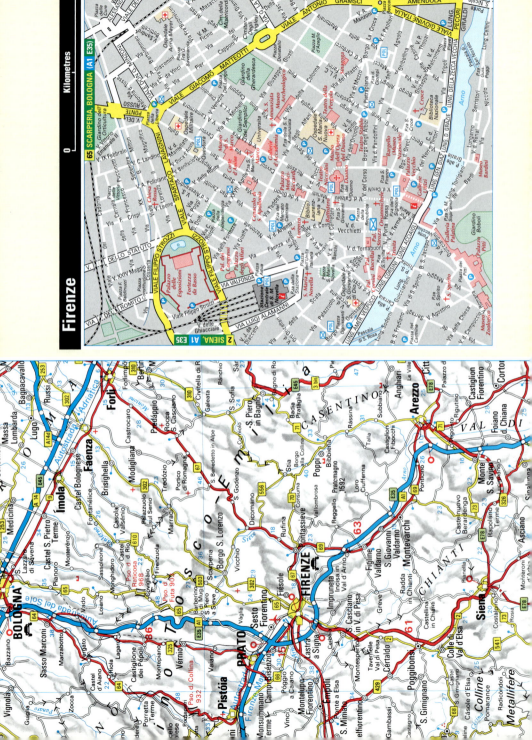

Firenze

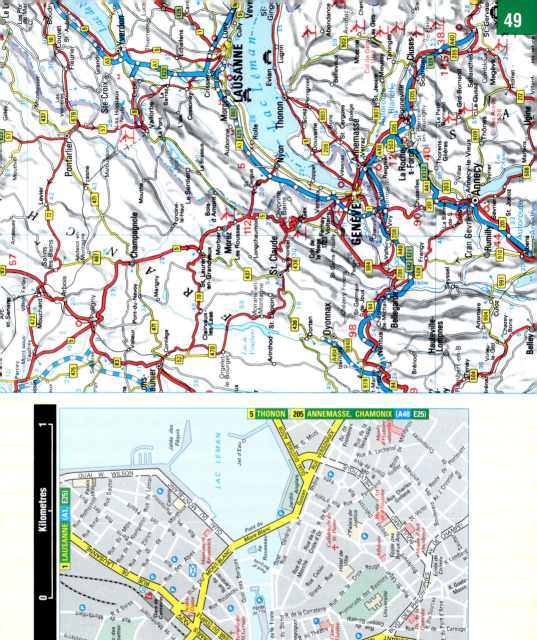

Genève

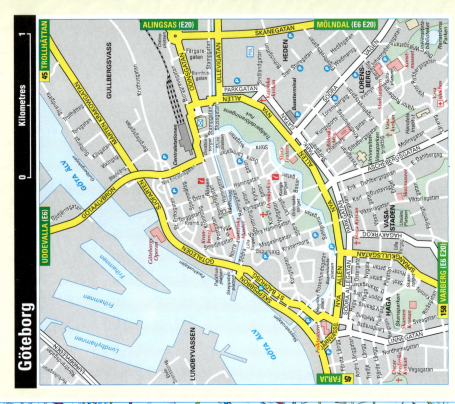

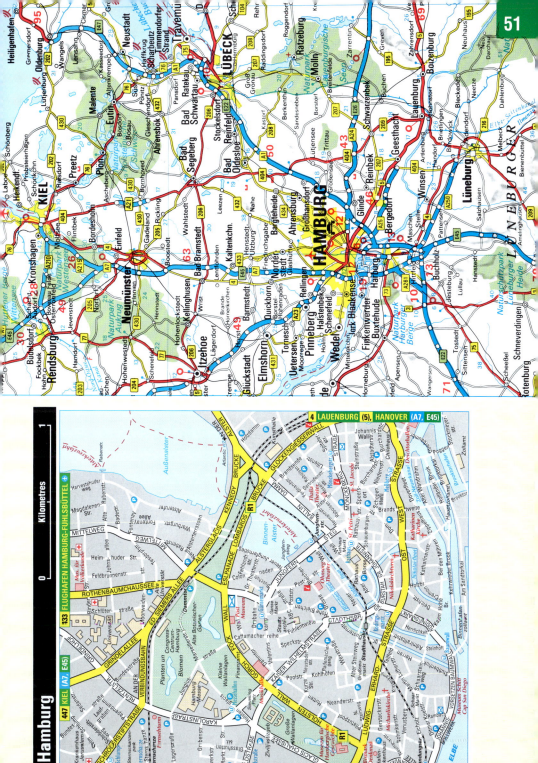

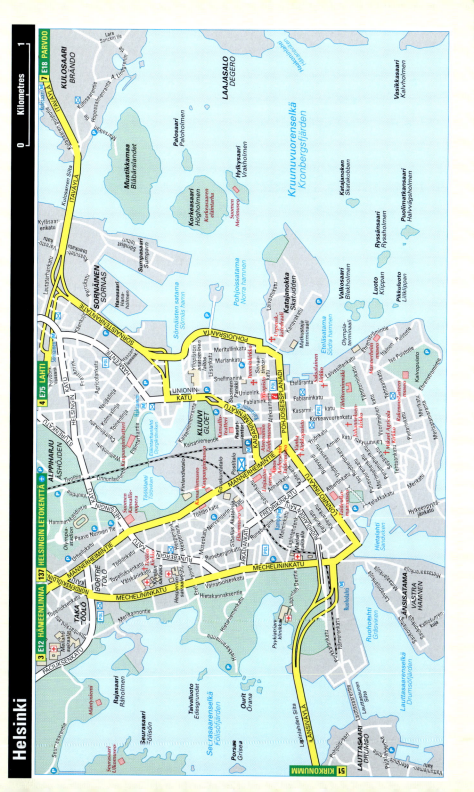

Helsinki

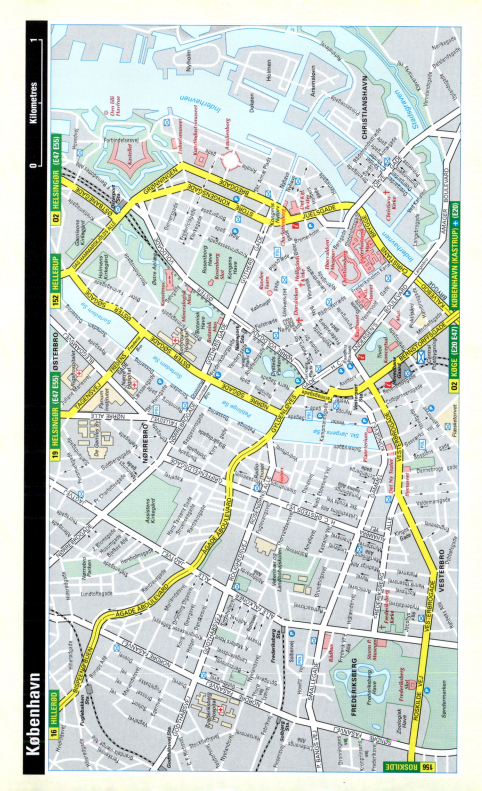

København

16 HILLERØD

19 HELSINGØR (E47 E55) ØSTERBRO

152 HELLERUP

02 HELSINGØR (E47 E55)

156 ROSKILDE

02 KØGE (E20 E47)

02 KØBENHAVN (KASTRUP) (E20)

Kilometres

0 1

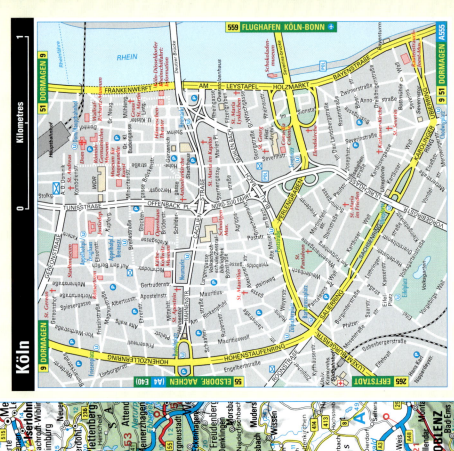

Köln

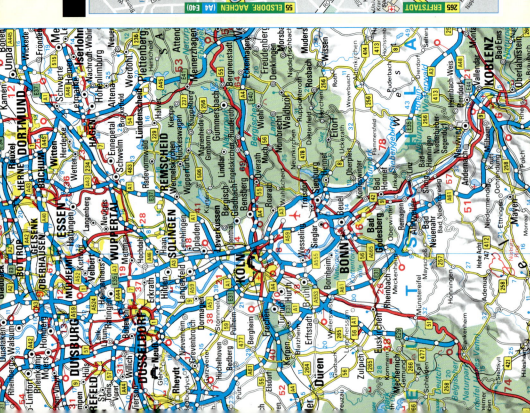

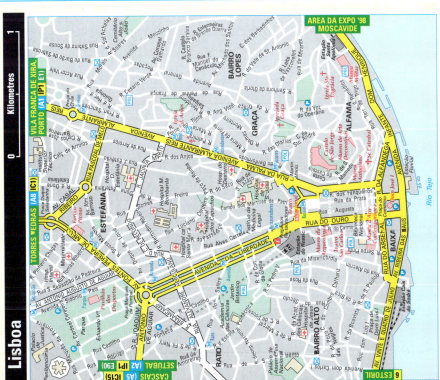

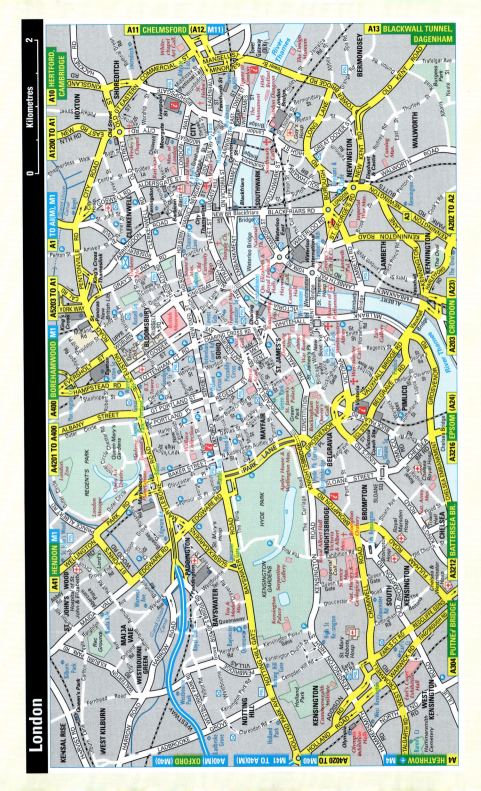

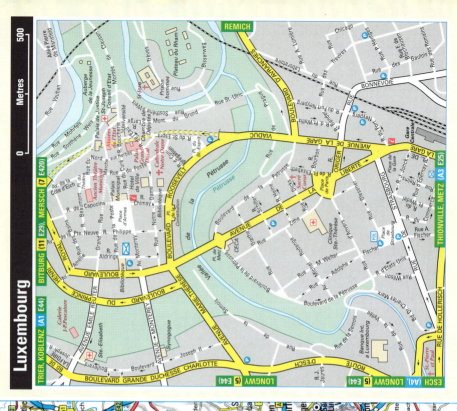

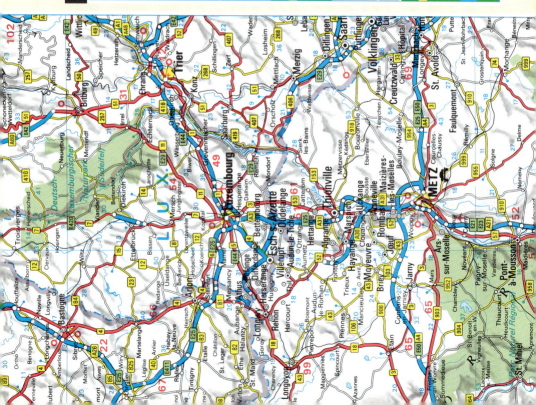

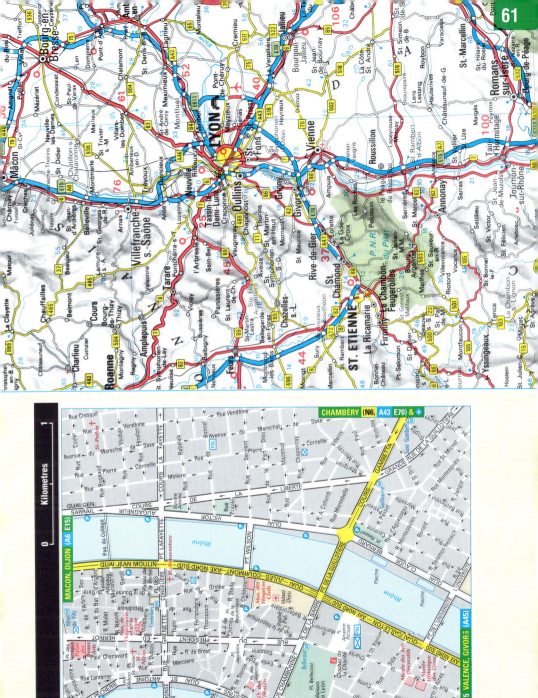

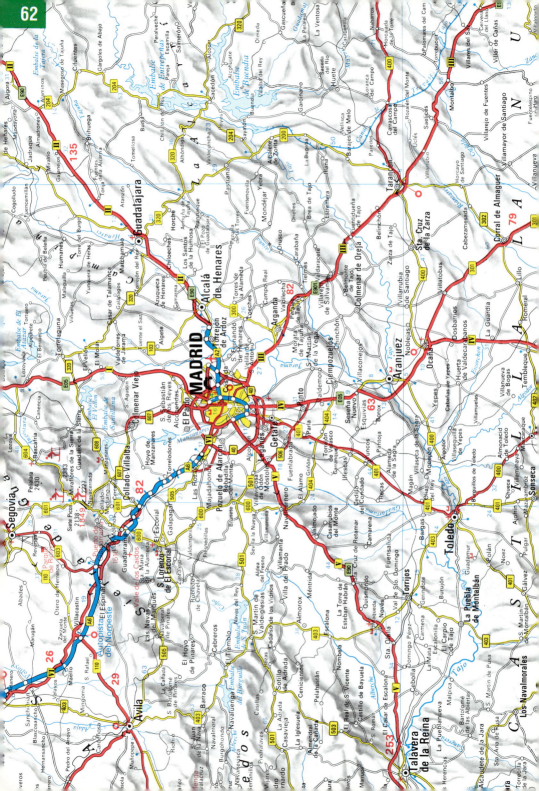

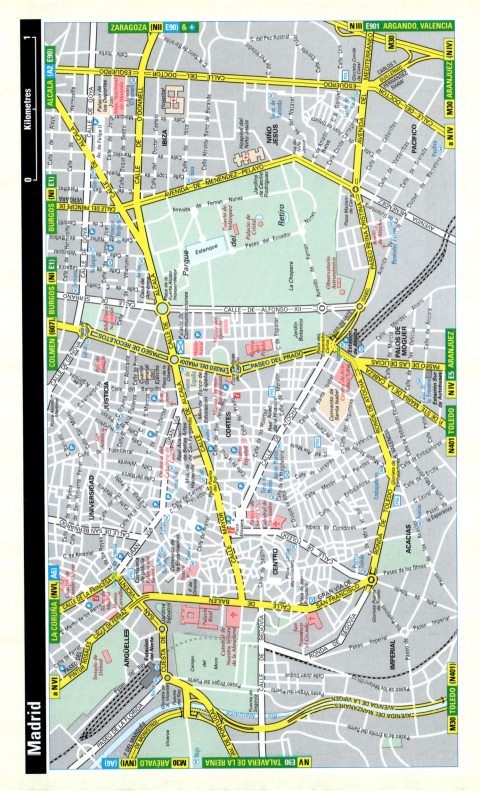

Madrid

Marseille

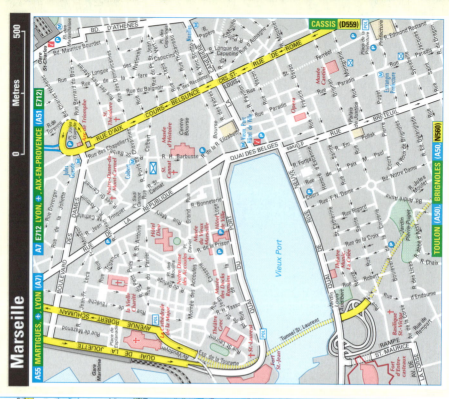

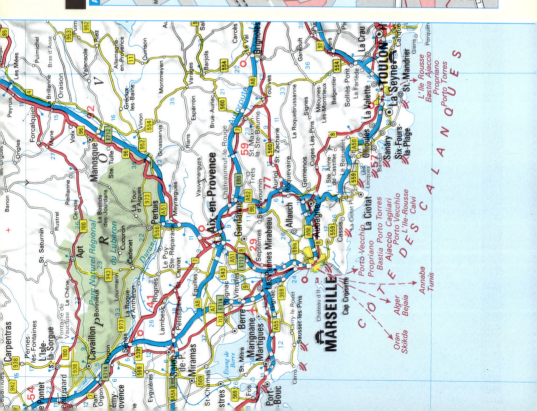

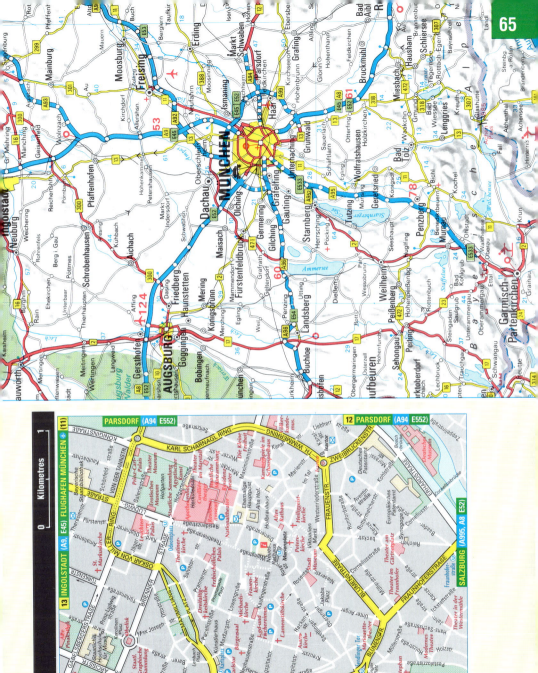

München

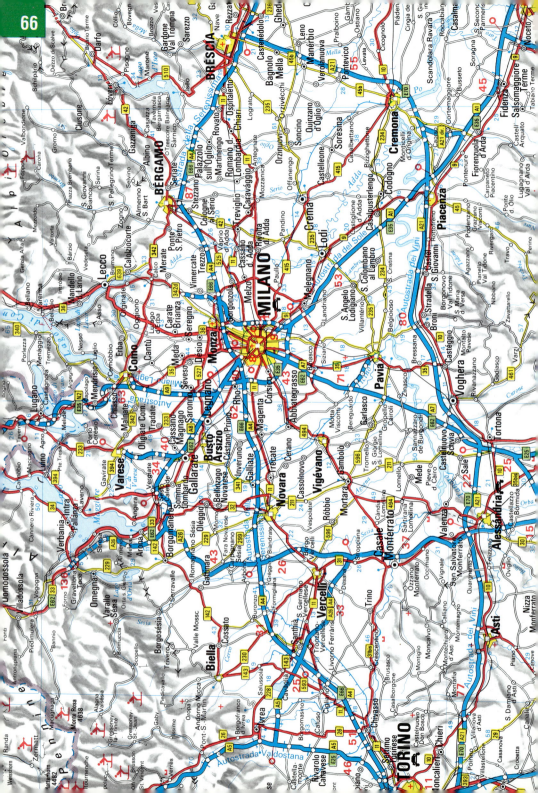

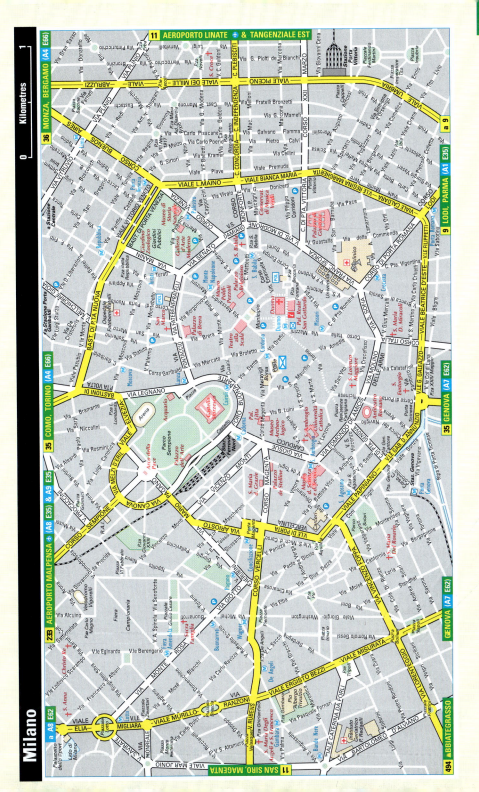

Milano

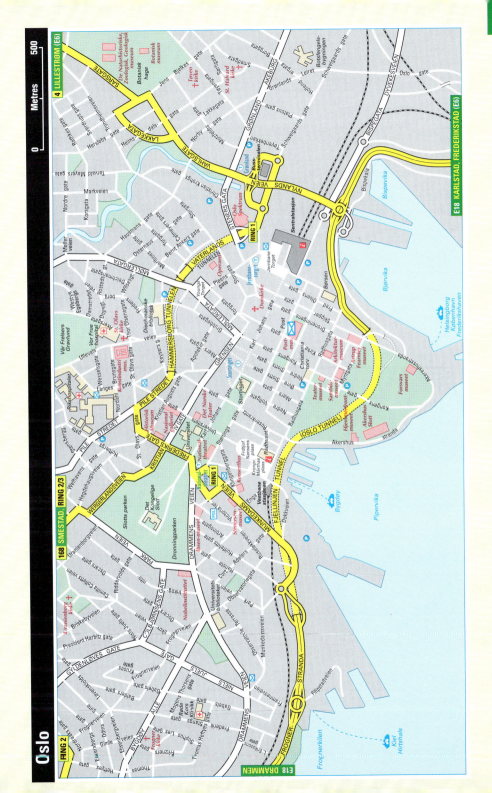

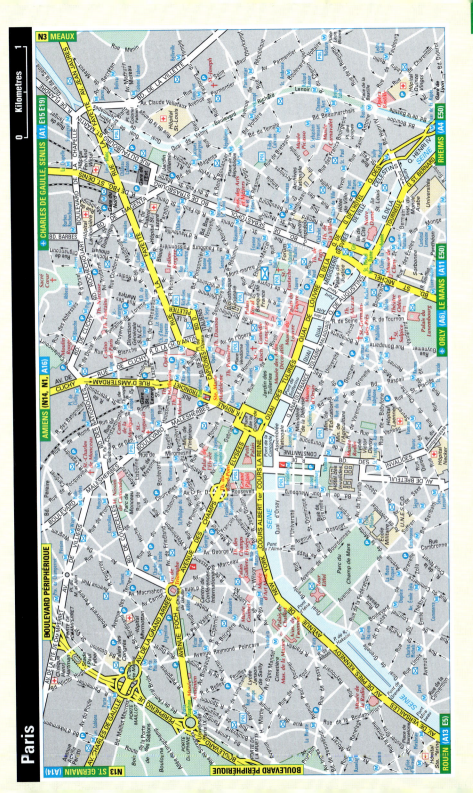

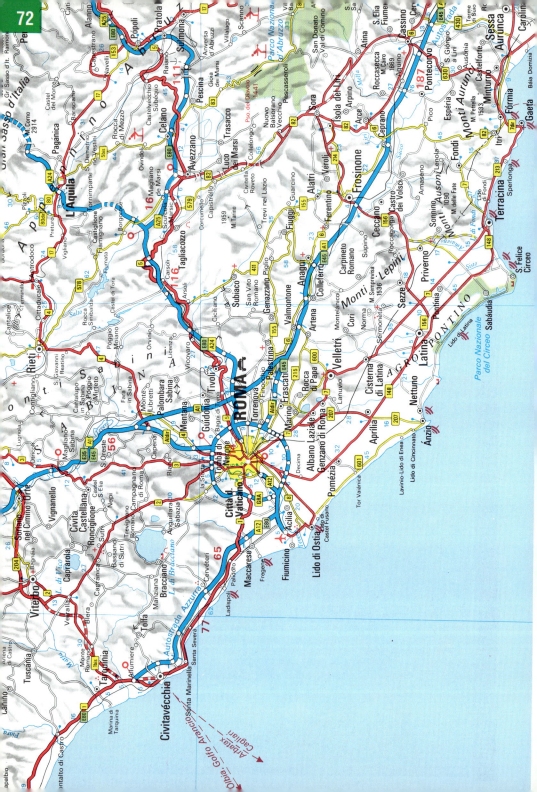

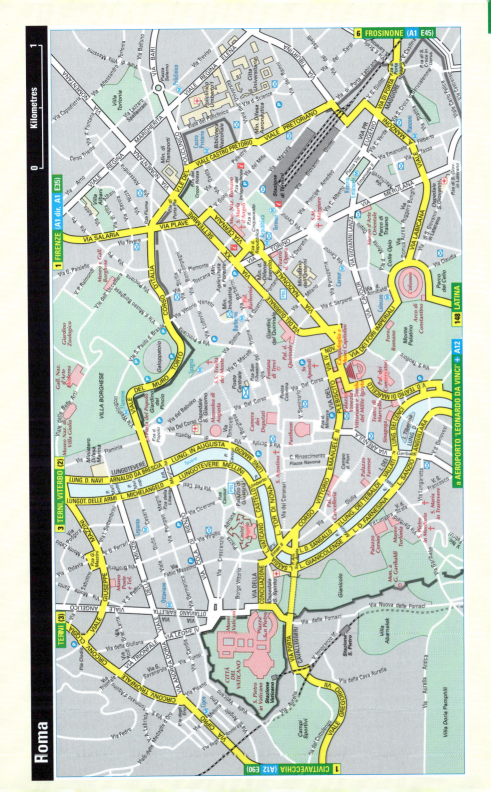

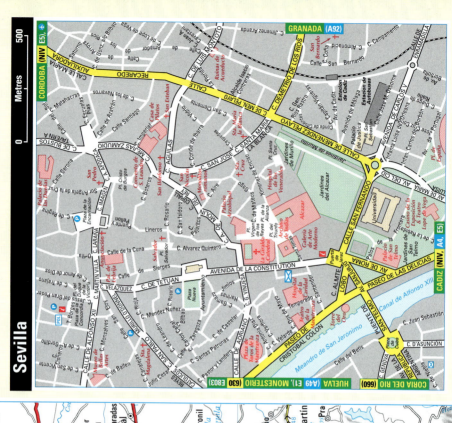

Sevilla

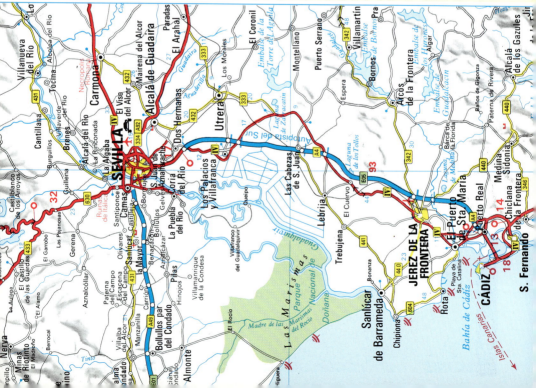

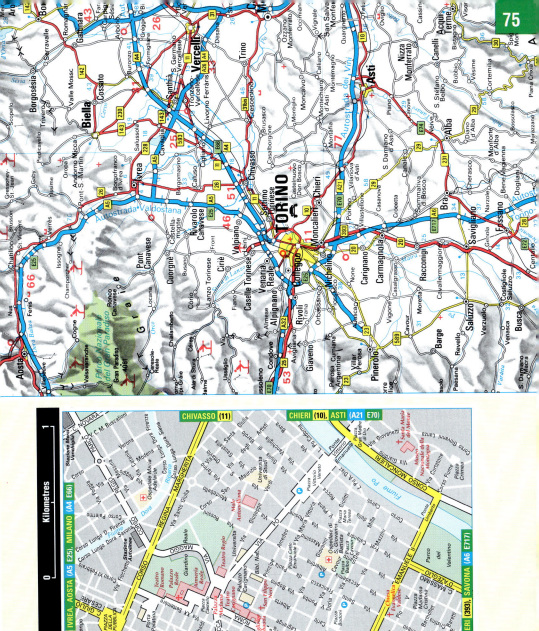

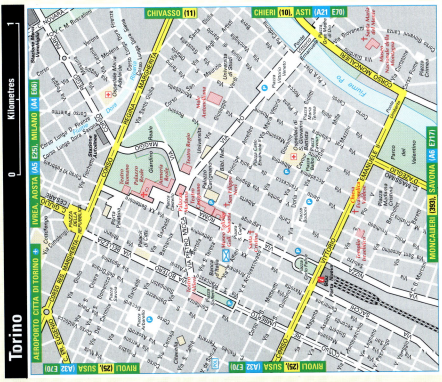

Torino

CHIVASSO (11)
CHIERI (10)
ASTI (A21 E70)

IVREA, AOSTA (A5 E25), MILANO (A4 E66)

AEROPORTO CITTA DI TORINO

MONCALIERI (393), SAVONA (A6 E717)

RIVOLI (25), SUSA (A32 E70)

RIVOLI (25), SUSA (A32 E70)

Kilometres

0   1

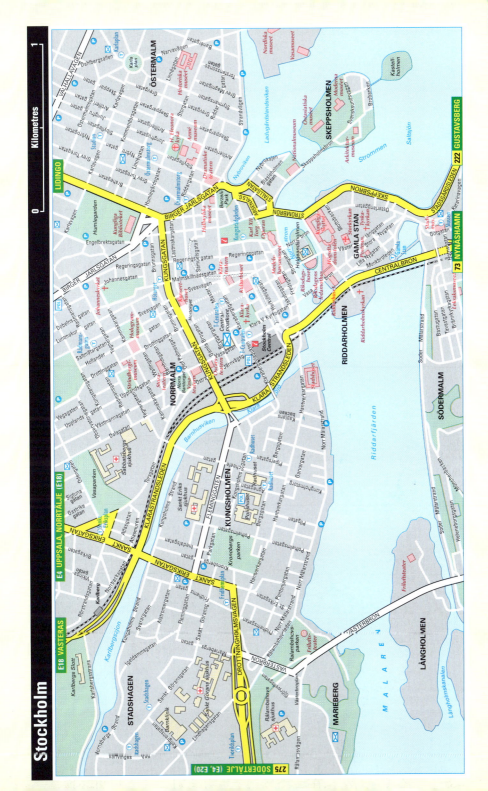

Stockholm

Kilometres

ÖSTERMALM

SKEPPSHOLMEN

NORRMALM

GAMLA STAN

RIDDARHOLMEN

SÖDERMALM

KUNGSHOLMEN

STADSHAGEN

MARIEBERG

LÅNGHOLMEN

Riddarfjärden

M Ä L A R E N

LIDINGÖ

GUSTAVSBERG

NYNÄSHAMN

E4 UPPSALA, NORRTÄLJE (E18)

BIRGER JARLSGATAN

E18 VÄSTERÅS

SÖDERTÄLJE (E4, E20)

222

73

275

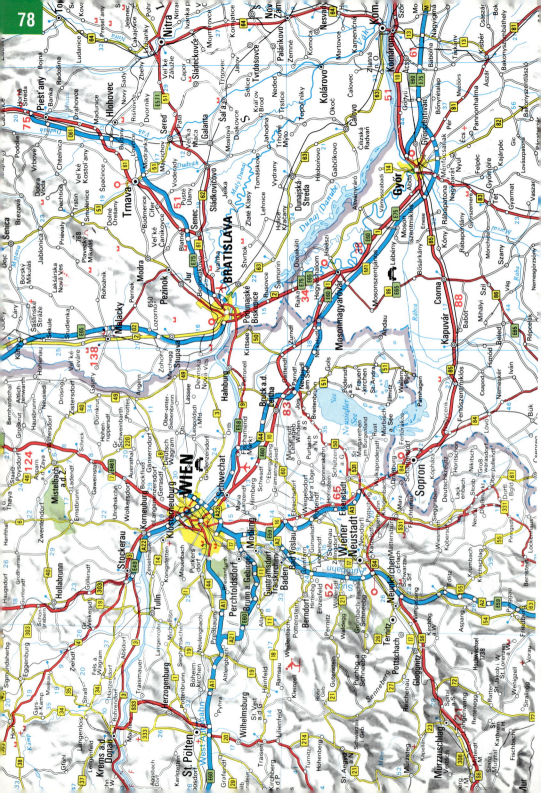

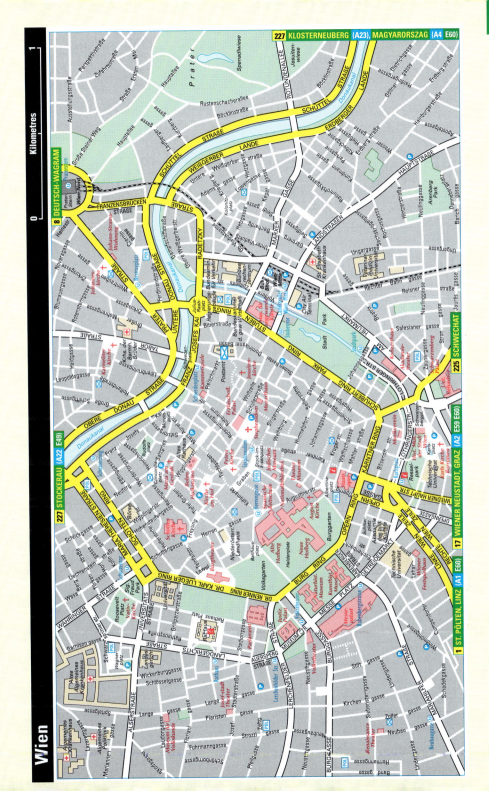

Wien

Zürich

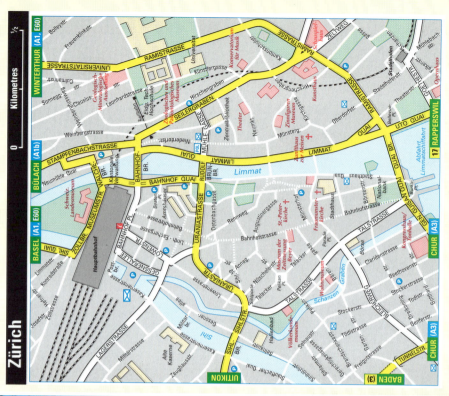

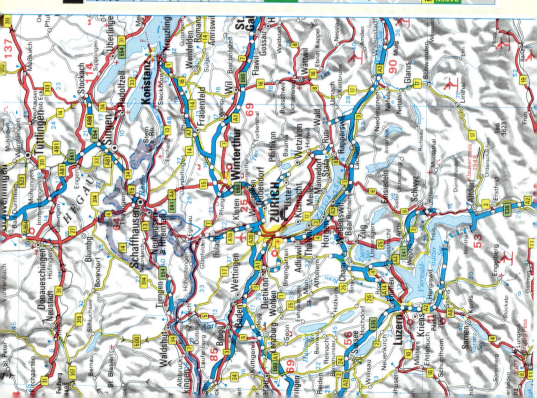

Abbreviations

A	Österreich	Austria	**EST**	Eesti	Estonia	**N**	Norge	Norway
AL	Shqipëria	Albania	**F**	France	France	**NL**	Nederland	Netherlands
AND	Andorra	Andorra	**FL**	Liechtenstein	Liechtenstein	**P**	Portugal	Portugal
B	Belgique	Belgium	**GB**	United Kingdom	United Kingdom	**PL**	Polska	Poland
BG	Bulgariya	Bulgaria	**GBZ**	Gibraltar	Gibraltar	**RUS**	Rossiya	Russia
BY	Belarus	Belarus	**GR**	Ellas	Greece	**RO**	Romania	Romania
BIH	Bosna-Herzegovina	Bosna-Herzegovina	**H**	Magyarorszag	Hungary	**RSM**	San Marino	San Marino
CH	Schweiz	Switzerland	**I**	Italia	Italy	**S**	Sverige	Sweden
HR	Hrvatska	Croatia	**IRL**	Republic of Ireland	Ireland	**FIN**	Suomi	Finland
CZ	Ceska Republika	Czech Republic	**L**	Luxembourg	Luxembourg	**SLO**	Slovenija	Slovenia
D	Deutschland	Germany	**LT**	Lietuva	Lithuania	**SK**	Slovenska Republika	Slovak Republic
DK	Danmark	Denmark	**LV**	Latvija	Latvia	**TR**	Türkiye	Turkey
E	España	Spain	**MK**	Makedonija	Macedonia	**UA**	Ukraina	Ukraine
			MC	Monaco	Monaco	**YU**	Jugoslavija	Yugoslavia
			MD	Moldova	Moldova			

A

A Coruña E 8 Q2
A Estrada E 8 Q2
A Gudiña E 8 Q3
Aachen D 5 L10
Aalen D 16 M12
Äänekoski FIN 22 E19
Aarau CH 18 N11
Aarschot B 5 L9
Abbeville F 5 L7
Åbenrå DK 14 J11
Aberaeron GB 4 K4
Aberdeen GB 2 H5
Aberdyfi GB 4 K4
Aberfeldy GB 2 H5
Abergavenny-a-Velha P 8 R2
Abergavenny GB 4 L5
Aberystwyth GB 4 K4
Abingdon GB 4 L6
Abrantes P 8 S2
Abrud RO 29 N18
Acireale I 21 T14
Acquapendente I 18 Q12
Acquasanta Terme I 19 Q13
Ada YU 28 P17
Adapazarı TR 32 R22
Adjud RO 29 N20
Adra E 9 T5
Adrano I 21 T14
Åfjord N 12 E12
Afyonkarahisar TR 32 S22
Agde F 7 Q8
Agen F 6 P7
Ageyevo RUS 25 J25
Ågasum TR 32 T22
Agrone I 21 R14
Agrigento I 20 T13
Agrinion GR 31 S17
Agrópoli I 21 R14
Águeda P 8 R2
Aguilas E 9 T6
Aigues-Mortes F 7 Q9
Aiguillon F 6 P7
Ainaži LV 24 H19
Aire-sur-l'Adour F 6 Q6
Aiud RO 29 N18
Aix-en-Provence F 7 Q9
Aix-les-Bains F 7 P9
Aiyion GR 31 S18
Aizkraukle LV 24 H19
Aizpute LV 15 H17
Ajaccio F 21 Q8
Ajdovščina SLO 19 P13
Ajka H 28 N15
Akçakoca TR 32 R22
Akhami TR 31 S18
Akhisar TR 32 S20
Akkerford N 11 A18
Akrahamn N 12 F8
Akşehir TR 32 S22
Aktsyabrski BY 27 K21
Akyazı TR 32 R22
Alakurtti RUS 11 C22
Alaşehir TR 32 S21
Alatri I 20 R13
Alavus FIN 22 E18
Alba I 18 P11
Alba de Tormes E 8 R4
Alba-Iulia RO 29 N18
Albacete E 9 S6
Alberic E 9 S6
Albert F 5 L8
Albertville F 7 P10
Albi F 7 Q8
Albocácer E 9 R7
Ålborg DK 14 H11
Albufeira P 8 T2
Albuñol E 9 T5
Alcácer do Sal P 8 S2
Alcalà de Chivert E 9 R7
Alcalá de Henares E 8 H5
Alcalá la Real E 8 T5
Alcamo I 20 T13
Alcañices E 8 R3
Alcañiz E 9 R6

Alcántara E 8 S3
Alcantarilla E 9 T6
Alcázar de San Juan E 8 S5
Alcira E 9 S6
Alcobendas E 8 R5
Alcolea del Pinar E 9 S6
Alcoy E 9 S6
Aleksin RUS 25 J25
Alençon F 4 M7
Aléria F 20 Q11
Alès F 7 P9
Alessándria I 18 P11
Ålesund N 12 E10
Alexandria RO 29 O19
Alexandroúpolis GR 30 R19
Alfaro E 9 Q6
Alfeld D 16 L11
Ålgård N 14 G9
Algeciras E 8 T4
Algemesi E 9 S6
Alghero I 20 R11
Alhama de Aragón E 9 R5
Alhama de Granada E 8 T5
Aliağa TR 32 S20
Alicante E 9 S6
Alingsås S 14 H13
Aljustrel P 8 T2
Alkmaar NL 5 K9
Almada P 8 S2
Almadén E 8 S4
Almagro E 8 S5
Almansa E 9 S6
Almazán E 9 R5
Almeirim P 8 S2
Almelo NL 16 K10
Almendralejo E 8 S3
Almería E 9 T5
Älmhult S 15 H14
Almodóvar del Campo E 8 S4
Alnwick GB 2 J6
Alpu TR 32 S22
Alsásua E 9 Q5
Alsfeld D 16 L11
Alta N 11 B18
Altamura I 21 R15
Altdorf CH 18 N11
Altea E 9 S6
Altenmarkt A 17 N14
Altıntaş TR 32 S22
Altkirch F 16 N10
Alūksne LV 24 H20
Alvdal N 12 E12
Alvdalen S 13 F14
Alvesta S 15 H14
Ålvkarleby S 13 F15
Älvsbyn S 10 D17
Alytus LT 27 J19
Åmål S 14 G13
Amaliás GR 31 T17
Amantea I 21 S15
Amarante P 8 R2
Amberg D 17 M13
Ambérieu-en-Bugey F 7 P9
Amboise F 7 N7
Amfilokhía GR 31 S17
Amfípolis GR 30 R18
Amiens F 5 M8
Åmot N 12 G11
Åmot N 12 G11
Amsterdam NL 5 K9
Amstetten A 17 M14
Amurrio E 6 Q5
An Uaimh IRL 3 K3
Anäset S 22 D16
Ancenis F 6 N6
Ancona I 19 Q13
Åndalsnes N 12 E10
Andenes N 8 B15
Andernach D 16 L10
Andorra La Vella AND 7 Q7
Andover GB 4 L6

Andreapol RUS 25 H23
Ándria I 21 R15
Andrijevica YU 30 Q16
Ándros GR 31 T19
Andselv N 10 B16
Andújar E 8 S4
Änge S 13 E14
Ängelholm S 14 H13
Angermünde D 17 K14
Angers F 6 N6
Angoulême F 6 P7
Anina RO 28 P17
Anjalankoski FIN 22 F20
Anklam D 14 K13
Annan GB 2 J5
Annecy F 7 P10
Annonay F 7 P9
Ansbach D 16 M12
Antalya TR 32 T22
Antequera E 8 T4
Antibes F 16 Q10
Antrim GB 2 J3
Antwerpen B 5 L9
Ánzio I 20 R13
Aosta I 18 P10
Apeldoorn NL 5 K9
Apricena I 21 R14
Aprília I 20 R13
Aracena E 8 T3
Arad RO 28 N17
Aranda de Duero E 8 R5
Aranjuez E 8 S5
Arbatax I 20 S11
Arbroath GB 2 H5
Arcachon F 6 P6
Archidona E 8 T4
Arcos de Jalón E 9 R5
Arcos de la Frontera E 8 T4
Ardee IRL 2 K3
Ardrossan GB 2 J4
Åre S 13 E13
Arenas de San Pedro E 8 R4
Arendal N 14 G11
Arévalo E 8 R4
Arezzo I 18 Q12
Arganda E 8 R5
Argelès-sur-Mer F 9 Q8
Argenta I 18 P12
Argentan F 4 M7
Argentat F 7 P7
Argenton-sur-Creuse F 7 N7
Árgos GR 31 T18
Argostólion GR 31 S17
Århus DK 14 H12
Ariano Irpino I 21 R14
Ärjäng S 13 G13
Arklow IRL 3 K3
Arles F 7 Q9
Arlon B 5 M9
Armadale GB 2 H4
Armagh GB 2 J3
Arnhem NL 5 L9
Arnstadt D 16 L12
Antiberg D ... S3
Arronches P 8 S3
Arta GR 31 S17
Artenay F 7 M7
Arvidsjaur S 10 D16
Arvika S 13 G13
Aš CZ 16 L13
Åsarna S 13 E14
Aschaffenburg D 16 M11
Aschersleben D 16 L12
Áscoli Piceno I 19 Q13
Áseda S 15 H14
Asenovgrad BG 30 D17
Ashbourne GB 4 K6
Ashford GB 4 L7
Ashington GB 2 J6
Ashmyany BY 27 J19
Asipovichy BY 27 K21
Askersund S 15 G14
Askim N 13 G12
Askøy N 12 F8
Assen NL 5 K10
Assens DK 14 J11
Assisi I 19 Q13

Asti I 18 P11
Astorga E 8 Q3
Ástorp S 14 H13
Ath B 5 L8
Athínai GR 31 T18
Athlone IRL 3 K3
Athy IRL 3 K3
Attersee A 17 N13
Åtvidaberg S 15 G14
Aubagne F 7 Q9
Aubenas F 7 P9
Aubusson F 7 P8
Auch F 6 Q7
Auderville F 4 M6
Audierne F 6 N3
Augsburg D 16 M12
Augusta I 21 T14
Augustów PL 26 K18
Auning DK 14 H12
Auray F 6 N5
Aurich D 16 K10
Aurillac F 7 P8
Auterive F 7 Q7
Autun F 7 N9
Auxerre F 7 N8
Auxonne F 7 N9
Avallon F 7 N8
Aveiro P 8 R2
Avellino I 21 R14
Aversa I 21 R14
Avesta S 13 F15
Avezzano I 20 Q13
Aviemore GB 2 H5
Avignon F 7 Q9
Ávila E 8 R4
Avilés E 8 Q4
Avola I 21 T14
Avranches F 4 M6
Ax-les-Thermes F 9 Q7
Ayamonte E 8 T3
Aydın TR 32 T20
Ayerbe E 9 Q6
Ayiá GR 30 S18
Aylesbury GB 4 L6
Ayr GB 2 J4
Aytos BG 29 Q20
Ayvacık TR 30 S20
Ayvalık TR 32 S20
Azambuja P 8 S2
Azuaga E 8 S4

B

Baamonde E 8 Q3
Babaeski TR 32 R20
Babayevo RUS 25 G24
Babruysk BY 27 K21
Bacău RO 29 N20
Baccarat F 16 M10
Bad Harzburg D 16 L12
Bad Hersfeld D 16 L11
Bad Honnef D 16 L10
Bad Ischl A 17 N13
Bad Kissingen D 16 L12
Bad Kreuznach D 16 M10
Bad Laasphe D 16 L11
Bad Mergentheim D 16 M11
Bad Muskau D 17 L14
Bad Nauheim D 16 L11
Bad Oldesloe D 14 K12
Bad Reichenhall D 17 N13
Bad Segeberg D 14 K12
Bad Tölz D 16 N12
Badajoz E 8 S3
Badalona E 9 R8
Baden A 17 M15
Baden-Baden D 16 M11
Badgastein A 19 N13
Baena E 8 T4
Baeza E 8 T5
Bagh a Chaisteil GB 2 H3
Bagheria I 20 S13
Bagnères-de-Bigorre F 6 Q7
Bagnères-de-Luchon F 7 Q7

Bagrationovsk RUS 15 J17
Baia Mare RO 29 N18
Bailén E 8 S5
Băilești RO 29 P18
Baja H 28 N16
Balaguer E 9 R7
Balestrand N 12 F10
Balıkesir TR 32 S20
Ballachulish GB 2 H4
Ballater GB 2 H5
Ballina IRL 3 J2
Ballinasloe IRL 3 K2
Ballycastle GB 2 J3
Ballyclare GB 2 J3
Ballymena GB 2 J3
Bălți MD 29 N20
Baltiysk RUS 15 J16
Balvi LV 24 H20
Balya TR 32 S20
Bamberg D 16 M12
Banaz TR 32 S21
Bandırma TR 32 R20
Bandon IRL 3 L2
Banff GB 2 H5
Bangor GB 2 J4
Bangor GB 4 K4
Banja Luka BIH 28 P15
Bannalec F 6 N5
Banská Bystrica SK 26 M16
Bantry IRL 3 L2
Banyoles E 9 R8
Bar UA 27 M20
Bar YU 30 Q16
Bar-le-Duc F 5 M9
Bar-sur-Seine F 7 M9
Barakaldo E 6 Q5
Baranavichy BY 27 K20
Barbastro E 9 R7
Barbezieux F 6 P6
Barcellona Pozzo di Gotto I 21 S14
Barcelona E 9 R8
Barcelonette F 7 P10
Barcs H 28 P15
Bardejov SK 26 M17
Bari I 21 R15
Bârlad RO 29 N20
Barletta I 21 R15
Barneville-Carteret F 4 M6
Barnsley GB 3 K6
Barnstaple GB 4 L4
Barrancos P 8 S3
Barreiro P 8 S2
Barrow-in-Furness GB 2 J5
Barry GB 4 L5
Barysaw BY 27 J21
Bârzava RO 28 N17
Basel CH 18 N10
Basildon GB 4 L7
Basingstoke GB 4 L6
Bassano del Grappa I 18 P12
Bastia F 18 Q11
Bastogne B 5 L9
Bath GB 4 L5
Båtsfjord N 11 A21
Battipaglia I 21 R14
Bauska LV 24 H19
Bautzen D 17 L14
Bayeux F 4 M6
Bayındır TR 32 S20
Bayonne F 6 Q6
Bayramiç TR 32 S20
Bayreuth D 16 M12
Bazas F 6 P6
Beaune F 7 N9
Beauvais F 5 M8
Bečej YU 28 P17
Becerreá E 8 Q3
Bedford GB 4 K6
Beelitz D 17 K13
Beius RO 29 N18
Beja P 8 S3
Béjar E 8 R4
Békéscsaba H 28 N17
Bela Crkva YU 28 P17
Belchite E 9 R6

Belev RUS 25 K25
Belfast GB 2 J4
Belfort F 16 N10
Bellac F 6 N7
Bellegarde F 7 N9
Belley F 7 P9
Bellincona CH 18 N11
Belluno I 19 N13
Belmonte P 8 R3
Belogradchik BG 29 Q18
Belokorovichi UA 27 L21
Belomorsk RUS 23 D24
Belvis de la Jara E 8 S4
Belyy RUS 25 J23
Belzec PL 26 L18
Benavente E 8 Q4
Benevento I 21 R14
Bengtsfors S 14 G13
Benidorm E 9 R7
Benidorm E 9 S6
Benkovac HR 19 P14
Bensheim D 16 M11
Beograd YU 28 P17
Berat AL 30 R16
Berck F 5 L7
Berdychiv UA 27 M21
Berehove UA 29 M18
Berestechko UA 27 L19
Berettyóújfalu H 28 N17
Bereza BG 29 Q20
Berezhany UA 27 M19
Berga E 9 Q7
Bérgamo I 18 P11
Bergedorf D 16 K12
Bergen N 12 F9
Bergen op Zoom NL 5 L9
Bergerac F 6 P7
Berja E 9 T5
Berkovitsa BG 29 Q18
Berlevag N 11 A21
Berlin D 17 K13
Bern CH 18 N10
Bernay F 4 M7
Bernburg D 16 L12
Beroun CZ 17 M14
Berwick-upon-Tweed GB 2 J5
Berzasca RO 28 P17
Besançon F 7 N10
Beshenkovichi BY 24 J21
Bessines-sur-Gartempe F 7 N7
Betanzos E 8 Q2
Béthune F 5 L8
Beverley GB 2 K6
Bexhill GB 4 L7
Beykoz TR 32 R21
Bezhetsk RUS 25 H25
Béziers F 7 Q8
Biała Podlaska PL 26 K18
Białogard PL 15 J14
Białystok PL 26 K18
Biarritz F 6 Q6
Biasca CH 18 N11
Biberach D 16 M11
Bideford GB 4 L4
Biel CH 18 N10
Bielefeld D 16 K11
Biella I 18 P11
Bielsk Podlaski PL 26 K18
Bielsko-Biała PL 26 M16
Biga TR 32 R20
Bigadiç TR 32 S21
Bihać BIH 19 P14
Bijeljina BIH 28 P16
Bila Tserkva UA 27 M22
Bilbao E 6 Q5
Bileća BIH 28 Q16
Bílina CZ 16 L13
Bilgoraj PL 26 L18
Bingen D 16 M10
Binic F 4 M5
Biograd HR 19 P14
Birkenfeld D 16 M10
Birkenhead GB 4 K5
Birmingham GB 4 K6
Birr IRL 3 K3
Biržai LT 24 H19

Biscéglie I 21 R15
Bischofshofen A 19 N13
Bishop Auckland GB 2 J6
Bistrița RO 29 N19
Bitburg D 5 M10
Bitola MK 30 R17
Bitonto I 21 R15
Bitterfeld D 17 L13
Bjelovar HR 19 P15
Björbo S 13 F14
Bjørnevatn N 11 B21
Blackburn GB 3 K5
Blackpool GB 2 K5
Blagoevgrad BG 30 Q18
Blairgowrie GB 2 H5
Blanes E 9 R8
Blangy-sur-Bresle F 5 M7
Blansko CZ 17 M15
Blaye F 6 P6
Bled SLO 19 N14
Blois F 7 N7
Bludenz A 18 N11
Bocaguillas E 8 R5
Bochnia PL 26 M17
Bocholt D 16 L10
Bochum D 16 L10
Boden S 10 D17
Bodmin GB 4 L4
Bodø N 10 C14
Bodrum TR 32 T20
Bogense DK 14 J12
Boglarelle H 28 N15
Bognes N 10 B15
Boksitogorsk RUS 23 G23
Bolbec F 4 M7
Bolekhiv UA 26 M18
Bolesławiec PL 17 L14
Boliden S 13 D17
Bolkhov RUS 25 K25
Bollebygd S 14 H13
Bollène F 7 P9
Bollnäs S 13 F15
Bologna I 18 P12
Bologoye RUS 25 H24
Bolton GB 3 K5
Bolu TR 32 R22
Bolvadin TR 32 S22
Bolzano I 18 N12
Bonifacio F 20 R11
Bonn D 16 L10
Bonnétable F 6 M7
Bonneville F 7 N10
Bonny-sur-Loire F 7 N8
Boppard D 16 L10
Bor YU 29 P18
Borås S 14 H13
Bordeaux F 6 P6
Borgholm S 15 H15
Borgo Val di Taro I 18 P11
Borlänge S 13 F14
Borna D 17 L13
Borodino RUS 25 J24
Borovichi RUS 25 G23
Borovsk RUS 25 J25
Borşa RO 29 N19
Boryslav UA 26 M18
Bosa I 20 R11
Bosanska Gradiška BIH 28 P15
Bosanska Krupa BIH 19 P15
Bosanski Novi HR 19 P15
Bosanski Petrovac BIH 19 P15
Boston GB 4 K6
Botoşani RO 29 N20
Bouillon B 5 M9
Boulogne-sur-Mer F 5 L7
Bourbon-Lancy F 7 N8
Bourg-en-Bresse F 7 N9
Bourg-St-Maurice F 18 P10
Bourganeuf F 7 P7
Bourges F 7 N8
Bournemouth GB 4 L6
Bozburun TR 32 T21
Bozdoğan TR 32 T21
Bozüyük TR 32 S22
Bra I 18 P10
Bräcke S 13 E14
Brad RO 29 N18
Bradford GB 2 K6
Braemar GB 2 H5
Braga P 8 R2
Bragança P 8 R3
Brăila RO 29 P20
Brake D 16 K11
Brandbu N 14 F12
Brande DK 14 J11
Brandenburg D 17 K13
Brandýs nad Labem CZ 17 L14
Braniewo PL 15 J16
Brantôme F 6 P7
Braslaw BY 24 J20
Braşov RO 29 P19
Brastad S 14 G12
Bratislava SK 17 M15
Braunau A 17 M13
Braunschweig D 16 K12
Bray IRL 3 K3
Brčko BIH 28 P16

Brechin GB 2 H5
Břeclav CZ 17 M15
Brecon GB 4 L5
Breda NL 5 L9
Bregenz A 18 N11
Breivikbotn N 11 A18
Brekken N 12 E12
Brekstad N 12 E11
Bremen D 16 K11
Bremerhaven D 16 K11
Bréscia I 18 P12
Bressanone I 18 N12
Bressuire F 6 N6
Brest BY 26 K18
Brest F 4 M4
Breteuil F 5 M8
Brezno SK 26 M16
Briançon F 7 P10
Briare F 7 N8
Bridgend GB 4 L5
Bridgwater GB 4 L5
Bridport GB 4 L5
Brienne-le-Château F 5 M8
Brienz CH 18 N11
Briey F 5 M9
Brig CH 18 N10
Brighton GB 4 L6
Brignoles F 7 Q10
Brihuega E 9 R5
Brilon D 16 L11
Bríndisi I 21 R15
Brioude F 7 P8
Bristol GB 4 L5
Brive-la-Gaillarde F 7 P7
Briviesca E 8 Q5
Brno CZ 17 M15
Brodick GB 2 J4
Brodnica PL 26 K16
Brody UA 27 L19
Brønderslev DK 14 H11
Brønnøysund N 10 D13
Brovary UA 27 L22
Bruay-la-Buissière F 5 L8
Bruchsal D 16 M11
Bruck an der Leitha A 17 M15
Brugge B 5 L8
Brumath F 16 M10
Brunndal N 12 F12
Brunflo S 13 E14
Brunsbüttel D 14 K11
Bruxelles B 5 L9
Bryne N 14 G9
Bucak TR 32 T22
Buchach UA 27 M19
Buckie GB 2 H5
Bucureşti RO 29 P20
Budapest H 28 N16
Bude GB 4 L4
Budoni I 20 R11
Budva YU 30 Q16
Bugojno BIH 28 P15
Builth Wells GB 4 L5
Buldan TR 32 S21
Bulle CH 18 N10
Bunclody IRL 3 K3
Buncrana IRL 2 J3
Bundoran IRL 2 J2
Búrdur TR 32 T22
Bureå S 22 D17
Burg D 16 K12
Burgas BG 29 Q20
Burgdorf D 16 K12
Burghausen D 17 M13
Burgo de Osma E 8 R5
Burgos E 8 Q5
Burgsvik S 15 H16
Burhaniye TR 32 S20
Burnley GB 2 K5
Bursa TR 32 R21
Bury GB 3 K5
Bury St. Edmunds GB 4 K7
Bussum NL 5 K9
Busto Arsízio I 18 P11
Buxtehude D 16 K11
Buxton GB 4 L6
Büyükçekmece TR 32 R21
Buzău RO 29 P20
Byala BG 29 Q19
Bydgoszcz PL 17 K15
Bykhaw BY 27 K22
Byske S 14 G10... 13 D17
Bytom PL 26 L16
Bytów PL 15 J15

C

Cabra E 8 T4
Čačak YU 28 Q17
Cáceres E 8 S3
Cádiz E 8 T3
Caen F 4 M6
Caernarfon GB 4 K4
Cagli I 19 Q13
Cágliari I 20 S11
Cagnes-sur-Mer F 18 Q10
Caher IRL 3 K3
Cahersiveen IRL 3 L1

Cahors F 7 P7
Cahul MD 29 P21
Cairnryan GB 2 J4
Çal TR 32 S21
Calafat RO 29 Q18
Calahorra E 9 Q5
Calais F 5 L7
Calamocha E 9 R6
Călăraşi RO 29 P20
Calatafimi I 20 T13
Calatayud E 9 R6
Caldas da Rainha P 8 S2
Caldas de Reis E 8 Q2
Caltagirone I 21 T14
Caltanissetta I 21 T14
Calvi F 18 Q11
Calviá E 9 S8
Cambrai F 5 L8
Cambridge GB 4 K7
Çameli TR 32 T21
Caminha P 8 R2
Campbeltown GB 2 J4
Campíglia Maríttima I 18 Q12
Campillos E 8 T4
Câmpina RO 29 P19
Campo Maior P 8 S3
Campobasso I 21 R14
Çan TR 32 R20
Çanakkale TR 32 R20
Cañete E 9 R6
Cangas de Narcea E 8 Q3
Canicattì I 20 T13
Cañiza E 20 S11
Carbónia I 20 S11
Carcassonne F 7 Q8
Çardak TR 32 T21
Cardiff GB 4 L5
Cardigan GB 4 K4
Carei RO 29 N18
Carentan F 4 M6
Carhaix-Plouguer F 4 M5
Cariati I 21 S15
Cariñena E 9 R6
Carlisle GB 2 J5
Carlow IRL 3 K3
Carmarthen GB 4 L4
Carmaux F 7 P8
Carmona E 8 T4
Carnac F 6 N5
Carpentras F 7 P9
Carpi I 18 P12
Carrara I 18 P12
Carrick-on-Suir IRL 3 K3
Cartagena E 9 T6
Cartaxo P 8 S2
Casarano I 21 S16
Casas Ibáñez E 9 S6
Caserta I 21 R14
Čáslav CZ 17 L14
Caspe E 9 R6
Cassel F 5 L8
Cassino I 20 R13
Castelbuono I 21 T14
Casteljaloux F 6 P7
Castellabate I 21 R14
Castellammare del Golfo I 20 S13
Castellammare di Stábia I 21 R14
Castellane F 7 Q10
Castelló de la Plana E 9 S6
Castelnaudary F 7 Q7
Castelo Branco P 8 S3
Castelsarrasin F 7 P7
Castelvetrano I 20 T13
Castlebar IRL 2 K2
Castlebaney IRL 2 J3
Castletown GB 2 J4
Castres F 7 P8
Castro del Río E 8 T4
Castro Urdiales E 8 Q5
Castrovillari I 21 S15
Castuera E 8 S4
Çatalca TR 32 R21
Catánia I 21 T14
Catanzaro I 21 S15
Caulónia I 21 S15
Cauterets F 7 Q6
Cavaillon F 7 Q9
Cavalaire-sur-Mer F 7 Q10
Cavan IRL 2 K3
Çay TR 32 S22
Ceanannus Mor IRL 3 K3
Cécina I 18 Q12
Cefalù I 21 T14
Ceglėd H 28 N16
Celanova E 8 Q3
Celje SLO 19 N14

Celle D 16 K12
Celorico da Beira P 8 R3
Cerbère F 7 Q8
Cercal P 8 T2
Cerignola I 21 R14
Çerkezköy TR 32 R20
Cervera E 9 R7
Cérvia I 19 P13
Cesena I 19 P13
Cesenático I 19 P13
Cēsis LV 24 H19
České Budějovice CZ 17 M14
Český Krumlov CZ 17 M14
Çeşme TR 31 S20
Cetinje YU 30 Q16
Cetraro I 21 S15
Ceva I 18 P11
Chagny F 7 N9
Chagoda RUS 25 G24
Challans F 6 N6
Chalon-sur-Saône F 7 N9
Châlons-sur-Marne F 5 M9
Cham D 17 M13
Chambéry F 7 P9
Chamonix F 18 P10
Chantada E 8 Q3
Chantonnay F 6 N6
Charleroi B 5 L9
Charleville-Mézières F 5 M9
Charlottenberg S 13 G13
Charolles F 7 N9
Chartres F 5 M7
Chasseneuil-sur-Bonnieure F 6 P7
Château-Arnoux F 7 P10
Château-Chinon F 7 N8
Château-du-Loir F 6 N7
Château-la-Vallière F 6 N7
Château-Salins F 5 M10
Château-Thierry F 5 M8
Châteaubriant F 6 N6
Châteaudun F 5 M7
Châteaulin F 4 M4
Châteauneuf-sur-Charente F 6 P6
Châteauroux F 7 N7
Châtelguyon F 7 P8
Châtellerault F 6 N7
Chatham GB 4 L7
Châtillon-sur-Seine F 7 N9
Chaudes-Aigues F 7 P8
Chaumont F 5 M9
Chauny F 5 M8
Chauvigny F 6 N7
Chaves P 8 R3
Cheb CZ 17 L13
Chekalin RUS 25 J25
Chelm PL 26 L18
Chełmno PL 26 K16
Chelmsford GB 4 L7
Chelmuzhi RUS 23 E24
Cheltenham GB 4 L5
Chelva E 9 S6
Chemnitz D 17 L13
Cherbourg F 4 M6
Cherepovets RUS 25 G25
Chernivtsi UA 29 M19
Chernyakhovsk RUS 26 J17
Cherven BY 27 K21
Chervonohrad UA 27 L19
Cherykaw BY 25 K22
Chester GB 4 K5
Chesterfield GB 4 K6
Chiávari I 18 P11
Chiavenna I 18 N11
Chiclana de la Frontera E 8 T3
Chieti I 21 Q14
Chimay B 5 L9
Chinchilla de Monte Aragón E 9 S6
Chinon F 6 N7
Chióggia I 19 P13
Chişineu Criş RO 28 N17
Chiusi I 18 Q12
Chiva E 9 S6
Chivasso I 18 P10
Chojnice PL 26 K15
Cholet F 6 N6
Chomutov CZ 17 L13
Chop UA 28 M17
Chornobyl UA 27 L22
Chortkiv UA 27 L19
Chorzów PL 26 L16
Choszczno PL 17 K14
Christiansfeld DK 14 J11
Chrudim CZ 17 M14
Chudovo RUS 25 G22
Chur CH 18 N11
Ciechanów PL 26 K16
Cieszyn PL 26 M16
Cieza E 9 S6
Çifteler TR 32 S22
Cifuentes E 9 R5
Cimişlia MD 29 N21
Cîmpulung RO 29 P19
Çine TR 32 T21

Cirencester GB 4 L6
Cirò Marina I 21 S15
Cislău RO 29 P20
Cisterna di Latina I 20 R13
Città di Castello I 19 Q13
Ciudad Real E 8 S5
Ciudad Rodrigo E 8 R3
Civitanova Marche I 19 Q13
Civitavécchia I 20 Q12
Civray F 6 N7
Çivril TR 32 S21
Clacton-on-Sea GB 5 L7
Clamecy F 7 N8
Claremorris IRL 2 K2
Clermont F 5 M8
Clermont-Ferrand F 7 P8
Clermont-l'Hérault F 7 Q8
Clervaux L 5 L9
Clisson F 6 N6
Clones IRL 2 J3
Clonmel IRL 3 K3
Cloppenburg D 16 K11
Cloyes F 7 M7
Cluj-Napoca RO 29 N18
Cluny F 7 N9
Cluses F 7 N10
Cobh IRL 3 L2
Coburg D 16 L12
Coevorden NL 16 K10
Cognac F 6 P6
Coimbra P 8 R2
Coín E 8 T4
Colchester GB 4 L7
Coldstream GB 2 J5
Coleraine GB 2 J3
Colmar F 16 M10
Comácchio I 19 P13
Combeaufontaine F 7 N9
Commercy F 5 M9
Como I 18 P11
Compiègne F 5 M8
Comrat MD 29 N21
Concarneau F 6 N5
Condom F 6 Q7
Conegliano I 19 P13
Confolens F 6 N7
Conlie F 6 M6
Contrexéville F 5 M9
Conwy GB 4 K5
Corabia RO 29 Q19
Corato I 21 R15
Corby GB 4 K6
Corcubión E 8 Q2
Cordes F 7 P7
Córdoba E 8 T4
Coria E 8 S3
Corigliano Cálabro I 21 S15
Cork IRL 3 L2
Corleone I 20 T13
Cornești MD 29 N21
Corps F 7 P9
Corte F 18 Q11
Cortegana E 8 T3
Cortina d'Ampezzo I 19 N13
Cortona I 18 Q12
Coruche P 8 S2
Cosenza I 21 S15
Cosne-Cours-sur-Loire F 7 N8
Costeşti RO 29 P19
Cottbus D 17 L14
Coulommiers F 5 M8
Coutances F 4 M6
Couvin B 5 L9
Coventry GB 4 K6
Covilhã P 8 R3
Crailsheim D 16 M12
Craiova RO 29 P18
Crawley GB 4 L6
Creil F 5 M8
Crema I 18 P11
Cremona I 18 P12
Crest F 7 P9
Créteil F 5 M8
Crewe GB 4 K5
Crikvenica HR 19 P14
Cromer GB 5 K7
Crotone I 21 S15
Crozon F 4 M4
Csongrád H 28 N17
Cuéllar E 8 R4
Cuenca E 9 R5
Cuevas del Almanzora E 9 T6
Cúllar de Baza E 9 T5
Cullera E 9 S6
Cumnock GB 2 J5
Cúneo I 18 P10
Curtea de Argeş RO 29 P19
Cutro I 21 S15
Cuxhaven D 16 K11
Cwmbran GB 4 L5
Częstochowa PL 26 L16

D

Dachau D 16 M12
Đakovica YU 30 Q17
Dalaman TR 32 T21
Dalen N 14 G10
Damiel E 8 S5
Danilovgrad YU 30 Q16
Darabani RO 29 M20
Darlington GB 2 J6
Darłowo PL 15 J15
Darmstadt D 16 M11
Daroca E 9 R6
Dartmouth GB 4 L5
Daruvar HR 28 P15
Datça TR 32 T20
Daugavpils LV 24 J20
Davos CH 18 N11
Davyd Haradok BY 27 K20
Dax F 6 Q6
De Panne B 5 L8
Deauville F 4 M7
Debar MK 30 R17
Dębica PL 26 L17
Debrecen H 28 N17
Decazeville F 7 P8
Děčín CZ 17 L14
Dedovichi RUS 24 H21
Degerfors S 15 G14
Deggendorf D 17 M13
Dej RO 29 N18
Delémont CH 18 N10
Delfzijl NL 16 K10
Delmenhorst D 16 K11
Delvináki AL 30 S17
Demidov RUS 25 J22
Demirci TR 32 S21
Demirköy TR 32 R20
Demyansk RUS 25 H23
Den Helder NL 5 K9
Denia E 9 S7
Denizli TR 32 T21
Derby GB 4 K6
Dereköy TR 32 R20
Derventa BIH 28 P15
Dessau D 17 L13
Deta RO 28 P17
Detmold D 16 L11
Deva RO 29 P18
Deventer NL 5 K10
Devrek TR 32 R22
Dhidhimótikhon GR 30 R20
Dhomokós GR 30 S18
Die F 7 P9
Diekirch L 5 M10
Diepholz D 16 K11
Digne-les-Bains F 7 P10
Digoin F 7 N8
Dijon F 7 N9
Dillenburg D 16 L11
Dillingen D 16 M12
Dimitrovgrad BG 30 Q19
Dinan F 4 M5
Dinant B 5 L9
Dinar TR 32 S22
Dinard F 4 M5
Dingle IRL 3 K1
Dingwall GB 2 H4
Dmitrov RUS 25 H25
Dno RUS 24 H21
Dobele LV 24 H18
Döbeln D 17 L13
Doboj BIH 28 P15
Dobreta-Turnu-Severin RO 29 P18
Dobrich BG 29 Q20
Dobrush BY 27 K22
Dole F 7 N9
Dolgellau GB 4 K5
Dolný Kubín SK 26 M16
Domaniç TR 32 S21
Domažlice CZ 17 M13
Dombås N 12 E11
Domfront F 4 M6
Domodóssola I 18 N11
Don Benito E 8 S4
Donaueschingen D 16 N11
Donauwörth D 16 M12
Doncaster GB 3 K6
Donegal IRL 2 J2
Donji Miholjac HR 28 P15
Donji Vakuf BIH 28 P15
Donostia-San Sebastián E 6 Q6
Dorchester GB 4 L5
Dordrecht NL 5 L9
Dorking GB 4 L6
Dornbirn A 18 N11
Dorogobuzh RUS 25 J23
Dorohoi RO 29 N20
Dos Hermanas E 8 T4
Douai F 5 L8
Douarnenez F 4 M4
Douglas GB 2 J5
Doullens F 5 L8
Dover GB 5 L8
Downpatrick GB 2 J4
Drăgăşani RO 29 P19

Hunstanton *GB* 4 K7
Huntly *GB* 2 H5
Hurezani *RO* 29 P18
Huşi *RO* 29 N21
Huskvarna *S* 15 H14
Husum *D* 14 J11
Huy *B* 5 L9
Hvide Sande *DK* 14 J11
Hyères *F* 7 Q10
Hylestad *N* 14 G10
Hyltebruk *S* 14 H13
Hyvinkää *FIN* 22 F19

I

Iaşi *RO* 29 N20
Ibiza (Eivissa) *E* 9 S7
Idar-Oberstein *D* 16 M10
Idre *S* 13 F13
Idritsa *RUS* 24 H21
Idstein *D* 16 L11
Ieper *B* 5 L8
Ierápetra *GR* 31 U19
Ierissós *GR* 30 R18
Iesi *I* 19 Q13
Iggesund *S* 13 F15
Iglésias *I* 20 S11
Iğneada *TR* 32 R21
Igoumenítsa *GR* 30 S17
Igualada *E* 9 R7
Ii *FIN* 11 D19
Iisalmi *FIN* 22 E20
IJmuiden *NL* 5 K9
Ikast *DK* 14 H11
Iława *PL* 26 K16
Ilfracombe *GB* 4 L4
Ilkley *GB* 2 K6
Illescas *E* 8 R5
Ilmajoki *FIN* 22 E18
Ilmenau *D* 16 L12
Ilomantsi *FIN* 23 E22
Imatra *FIN* 23 F21
Imola *I* 18 P12
Impéria *I* 18 Q11
Imst *A* 18 N12
Inari *FIN* 11 B20
Inca *E* 9 S8
İnegöl *TR* 32 R21
Ingolstadt *D* 16 M12
Innsbruck *A* 18 N12
Inowrocław *PL* 26 K16
Invergordon *GB* 2 H4
Inverness *GB* 2 H4
Inverurie *GB* 2 H5
Ioánnina *GR* 30 S17
Ion Corvin *RO* 29 P20
İpsala *TR* 30 R20
Ipswich *GB* 5 K7
Iráklion *GR* 31 U19
Ironbridge *GB* 4 K5
Irpin *UA* 27 L22
Irún *E* 6 Q6
Irvine *GB* 2 J4
Iserlohn *D* 16 L10
Isérnia *I* 21 R14
Isola *F* 18 P10
Isparta *TR* 32 T22
Isperikh *BG* 29 Q20
Íspica *I* 21 T14
Issoire *F* 7 P8
Issoudun *F* 7 N8
İstanbul *TR* 32 R21
Istiaía *GR* 31 S18
Itzehoe *D* 14 K11
Ivalo *FIN* 11 B20
Ivanava *BY* 27 K19
Ivano-Frankivsk *UA* 29 M19
Ivatsevichy *BY* 27 K19
Ivrea *I* 18 P10
İzmir *TR* 32 S20
İznik *TR* 32 R21
Izyaslav *UA* 27 L20

J

Jablanac *HR* 19 P14
Jablanica *BIH* 28 Q15
Jablonec *CZ* 17 L14
Jaca *E* 9 Q6
Jaén *E* 8 T5
Jagodina *YU* 28 Q17
Jajce *BIH* 28 P15
Jalasjärvi *FIN* 22 E18
Jämsä *FIN* 22 F19
Janakkala *FIN* 22 F19
Jarocin *PL* 17 L15
Jarosław *PL* 26 L18
Järpen *S* 13 E13
Järvenpää *FIN* 22 F19
Jasło *PL* 26 M17
Jászberény *H* 28 N16
Jedburgh *GB* 2 J5
Jędrzejów *PL* 26 L17
Jēkabpils *LV* 24 H19
Jelenia Góra *PL* 17 L14
Jelgava *LV* 24 H18
Jena *D* 16 L12
Jenbach *A* 18 N12
Jerez de la Frontera *E* 8 T3
Jerez de los Caballeros *E* 8 S3
Jesenice *SLO* 19 N14
Jevnaker *N* 12 F12
Jihlava *CZ* 17 M14
Jindřichuv Hradeç *CZ* 17 M14
Joensuu *FIN* 23 E21
Jõgeva *EST* 24 G20
John o'Groats *GB* 2 G5
Jõhvi *EST* 22 G20
Joigny *F* 7 N8
Joinville *F* 5 M9
Jokkmokk *S* 10 C16
Jonava *LT* 24 J18
Joniškis *LT* 24 H18
Jönköping *S* 15 H14
Jörn *S* 13 D17
Jørpeland *N* 14 G9
Joutseno *FIN* 23 F21
Juankoski *FIN* 23 E21
Judenburg *A* 19 N14
Juelsminde *DK* 14 J12
Jumilla *E* 9 S6
Junosuando *S* 11 C18
Jurbarkas *LT* 24 J18
Jūrmala *LV* 24 H18
Jüterbog *D* 17 L13
Juuka *FIN* 23 E21
Jyväskylä *FIN* 22 E19

K

Kaamanen *FIN* 11 B20
Kåbdalis *S* 10 C16
Kaduy *RUS* 25 G25
Kaiserslautern *D* 16 M10
Kajaani *FIN* 22 D20
Kalabáka *GR* 30 S17
Kalajoki *FIN* 22 D18
Kalámai *GR* 31 T18
Kalce *SLO* 19 P14
Kale *TR* 32 T21
Kalevala *RUS* 11 D22
Kaliningrad *RUS* 15 J17
Kalinkavichy *BY* 27 K21
Kalisz *PL* 26 L16
Kalix *S* 11 D18
Kalkan *TR* 32 T21
Kalmar *S* 15 H15
Kalocsa *H* 28 N16
Kaluga *RUS* 25 J25
Kalundborg *DK* 14 J12
Kalush *UA* 27 M19
Kampen *NL* 5 K9
Kamyanets-Podil's'kyy *UA* 29 M20
Kamyanka-Buz'ka *UA* 27 L19
Kandalaksha *RUS* 11 C23
Kandıra *TR* 32 R22
Kangasala *FIN* 22 F19
Kankaanpää *FIN* 22 F18
Kannus *FIN* 22 E18
Kapfenberg *A* 19 N14
Kaposvár *H* 28 N15
Kappeln *D* 14 J11
Kappelskär *S* 13 G16
Karabiğa *TR* 32 R20
Karaburun *TR* 31 S20
Karacabey *TR* 32 R21
Karacasu *TR* 32 T21
Karasjok *N* 11 B19
Karasu *TR* 32 R22
Karcag *H* 28 N17
Kardhítsa *GR* 30 S17
Kärdla *EST* 24 G18
Káristos *GR* 31 S19
Karkal *TR* 32 R21
Karkkila *FIN* 22 F19
Karlobag *HR* 19 P14
Karlovac *HR* 19 P14
Karlovo *BG* 30 Q19
Karlovy Vary *CZ* 17 L13
Karlsborg *S* 15 G14
Karlshamn *S* 15 H14
Karlskoga *S* 15 G14
Karlskrona *S* 15 H14
Karlsruhe *D* 16 M11
Karlstad *S* 14 G13
Karnobat *BG* 29 Q20
Karup *DK* 14 H11
Karviná *CZ* 26 M16
Kaş *TR* 32 T21
Kashin *RUS* 25 H25
Kaskinen *FIN* 22 E17
Kassel *D* 16 L11
Kastélli *GR* 31 U18
Kastoria *GR* 30 R17
Kateríni *GR* 30 R18
Katowice *PL* 26 L16
Katrineholm *S* 15 G15
Kaufbeuren *D* 16 N12
Kauhajoki *FIN* 22 E18
Kauhava *FIN* 22 E18
Kaunas *LT* 24 J18
Kaupanger *N* 12 F10
Kautokeino *N* 11 B18
Kavajë *AL* 30 R16
Kavála *GR* 30 R19
Kazanlŭk *BG* 30 Q19
Kecskemét *H* 28 N16
Kėdiniai *LT* 24 J19
Kehl *D* 16 M10
Keighley *GB* 2 K6
Keila *EST* 22 G19
Kemer *TR* 32 T22
Kemi *FIN* 11 D19
Kemijärvi *FIN* 11 C20
Kempten *D* 16 N12
Kendal *GB* 2 J5
Kępno *PL* 17 L15
Kerava *FIN* 22 F19
Kérkira *GR* 30 S16
Keşan *TR* 30 R20
Kestenga *RUS* 11 D22
Keszthely *H* 19 N15
Kętrzyn *PL* 26 J17
Kettering *GB* 4 K6
Keuruu *FIN* 22 E19
Khalkís *GR* 31 S18
Khaniá *GR* 31 U18
Kharmanli *BG* 30 R19
Khaskovo *BG* 30 R19
Khimki *RUS* 25 J25
Khíos *GR* 31 S20
Khmelnik *UA* 27 M20
Khmelnytskyy *UA* 27 M20
Khodoriv *UA* 27 M19
Kholm *RUS* 25 H22
Khóra Sfakíon *GR* 31 U19
Khotyn *UA* 29 M20
Khoyniki *BY* 27 L21
Khust *UA* 29 M18
Khvoynaya *RUS* 25 G24
Kiáton *GR* 31 T18
Kiel *D* 14 J12
Kielce *PL* 26 L17
Kikinda *YU* 28 P17
Kildare *IRL* 3 K3
Kilimli *TR* 32 R22
Kilkee *IRL* 3 K2
Kilkenny *IRL* 3 K3
Kilkís *GR* 30 R18
Killarney *IRL* 3 K2
Kilmarnock *GB* 2 J4
Kilrush *IRL* 3 K2
Kimasozero *RUS* 23 D22
Kími *GR* 31 S19
Kimovsk *RUS* 25 J25
Kimry *RUS* 25 H25
King's Lynn *GB* 4 K7
Kingisepp *RUS* 23 G21
Kingston upon Hull *GB* 2 K6
Kınık *TR* 32 S20
Kinna *S* 14 H13
Kinsale *IRL* 3 L2
Kiparissía *GR* 31 T17
Kirishi *RUS* 23 G23
Kırka *TR* 32 S22
Kirkcaldy *GB* 2 H5
Kirkcudbright *GB* 2 J4
Kirkenes *N* 11 B22
Kirkkonummi *FIN* 22 F19
Kırklareli *TR* 32 R20
Kirkwall *GB* 2 G5
Kirov *RUS* 25 J24
Kiruna *S* 10 C17
Kiskőrös *H* 28 N16
Kiskunfélegyháza *H* 28 N16
Kiskunhalas *H* 28 N16
Kistelek *H* 28 N17
Kisvárda *H* 29 M18
Kitee *FIN* 23 E22
Kíthira *GR* 31 T18
Kittilä *FIN* 11 C19
Kitzbühel *A* 19 N13
Kitzingen *D* 16 M12
Kiuruvesi *FIN* 22 E20
Kivertsi *UA* 27 L19
Kızılhisar *TR* 32 T21
Kjøllefjord *N* 11 A20
Kladno *CZ* 17 L14
Klagenfurt *A* 19 N14
Klaipėda *LT* 15 J17
Klatovy *CZ* 17 M13
Kletnya *RUS* 25 K23
Klimovichi *BY* 25 K22
Klin *RUS* 25 H25
Kłodzko *PL* 17 L15
Klosters *CH* 18 N11
Kluczbork *PL* 17 L16
Klyetsk *BY* 27 K20
Knin *HR* 19 P15
Knokke-Heist *B* 5 L8
Kobarid *SLO* 19 N13
København *DK* 14 J13
Koblenz *D* 16 L10
Kobryn *BY* 27 K19
Kocaeli (İzmit) *TR* 32 R21
Kočani *MK* 30 R18
Køge *DK* 14 J13
Kohtla-Järve *EST* 22 G20
Kokkola *FIN* 22 E18
Kolari *FIN* 11 C18
Kolašin *YU* 30 Q16
Kolding *DK* 14 J11
Kolín *CZ* 17 L14
Köln *D* 16 L10
Koło *PL* 26 K16
Kołobrzeg *PL* 15 J14
Kolomyya *UA* 29 M19
Kolpino *RUS* 23 G22
Komárno *SK* 28 N16
Komotini *GR* 30 R19
Konakovo *RUS* 25 H25
Kondopaga *RUS* 23 E24
Kondrovo *RUS* 25 J24
Kongsberg *N* 12 G11
Kongsvinger *N* 13 F13
Konin *PL* 26 K16
Konjic *BIH* 28 Q15
Końskie *PL* 26 L17
Konstanz *D* 16 N11
Kontiolahti *FIN* 23 E21
Koper *SLO* 19 P13
Kopervik *N* 12 G9
Köping *S* 15 G15
Koppang *N* 12 F12
Koprivnica *HR* 19 N15
Kopychyntsi *UA* 27 M19
Korbach *D* 16 L11
Korçë *AL* 30 R17
Korets *UA* 27 L20
Korgen *N* 10 C13
Kórinthos *GR* 31 T18
Korkuteli *TR* 32 T22
Körmend *H* 19 N15
Korosten *UA* 27 L21
Korostyshev *UA* 27 L21
Korsør *DK* 14 J12
Kortrijk *B* 5 L8
Kościan *PL* 17 K15
Košice *SK* 28 M17
Kosovska Mitrovica *YU* 28 Q17
Kostopil *UA* 27 L20
Kostrzyn *PL* 17 K14
Koszalin *PL* 15 J15
Köthen *D* 16 L12
Kotka *FIN* 22 F20
Kotor *YU* 30 Q16
Kouvola *FIN* 22 F20
Kovdor *RUS* 11 C22
Kovel' *UA* 27 L19
Köyceğiz *TR* 32 T21
Kozáni *GR* 30 R17
Kozelsk *RUS* 25 J24
Kozlu *TR* 32 R22
Kozyatyn *UA* 27 M21
Kragerø *N* 14 G11
Kragujevac *YU* 28 P17
Kraków *PL* 26 L16
Kraljevo *YU* 28 Q17
Kramfors *S* 13 E15
Kranídhion *GR* 31 T18
Kranj *SLO* 19 N14
Krāslava *LV* 24 J20
Kraslice *CZ* 17 L13
Kraśnik *PL* 26 L18
Krasnystaw *PL* 26 L18
Krasnyy *RUS* 25 J22
Krasnyy Kholm *RUS* 25 G25
Krefeld *D* 16 L10
Kremenets *UA* 27 L19
Krems *A* 17 M14
Kretinga *LT* 15 J17
Krettsy *RUS* 25 G23
Kristiansand *N* 14 G11
Kristianstad *S* 15 H14
Kristiansund *N* 12 E10
Kristiinankaupunki *FIN* 22 E17
Kristinehamn *S* 15 G14
Krokom *S* 13 E14
Kroměříž *CZ* 17 M15
Kronshtadt *RUS* 23 G21
Krosno *PL* 26 M17
Krotoszyn *PL* 17 L15
Krulyewshchyna *BY* 24 J20
Krupki *BY* 24 J21
Kruševac *YU* 28 Q17
Krychaw *BY* 25 K22
Kufstein *A* 19 N13
Kuhmo *FIN* 23 D21
Kuhmoinen *FIN* 22 F19
Kukës *AL* 30 Q17
Kula *TR* 32 S21
Kuldīga *LV* 15 H17
Kulmbach *D* 16 L12
Kumanovo *MK* 30 Q17
Kumla *S* 15 G14
Kumluca *TR* 32 T22
Kunda *EST* 22 G20
Kungsbacka *S* 14 H13
Kuolajärvi *RUS* 11 C21
Kuopio *FIN* 22 E20
Kŭrdzhali *BG* 30 R19
Kuressaare *EST* 24 G18
Kurikka *FIN* 22 E18
Kurów *PL* 26 L18
Kuşadası *TR* 32 T20
Kütahya *TR* 32 S22
Kutina *HR* 19 P15
Kutno *PL* 26 K16
Kuusamo *FIN* 11 D21
Kuusankoski *FIN* 22 F20
Kuvshinovo *RUS* 25 H24
Kvikne *N* 12 E12
Kwidzyn *PL* 26 K16
Kyle of Lochalsh *GB* 2 H4
Kyustendil *BG* 30 Q18
Kyyiv *UA* 27 L22
Kyyjärvi *FIN* 22 E19

L

L'Aigle *F* 4 M7
L'Áquila *I* 19 Q13
L'Ile-Rousse *F* 18 Q11
L'Isle-Jourdain *F* 7 Q7
L'viv *UA* 27 M19
La Albuera *E* 8 S3
La Almarcha *E* 9 S5
La Almunia de Doña Godina *E* 9 R6
La Bañeza *E* 8 Q4
La Baule *F* 6 N5
La Capelle *F* 5 M8
La Carlota *E* 8 T4
La Carolina *E* 8 S5
La Charité-sur-Loire *F* 7 N8
La Châtre *F* 7 N8
La Chaux de Fonds *CH* 18 N10
La Ciotat *F* 7 Q9
La Ferté-Bernard *F* 4 M7
La Ferté-St.-Aubin *F* 7 N7
La Flèche *F* 6 N6
La Fuente de San Esteban *E* 8 R3
La Haye-du-Puits *F* 4 M6
La Línea de la Concepción *E* 8 T4
La Mure *F* 7 P9
La Palma del Condado *E* 8 T3
La Pola de Gordón *E* 8 Q4
La Réole *F* 6 P7
La Robla *E* 8 Q4
La Roche-Bernard *F* 6 N5
La Roche-en-Ardenne *B* 5 L9
La Roche-sur-Yon *F* 6 N6
La Rochelle *F* 6 N6
La Roda *E* 9 S5
La Seu d'Urgell *E* 9 Q7
La Seyne-sur-Mer *F* 7 Q9
La Souterraine *F* 7 N7
La Spézia *I* 18 P11
La Tour-du-Pin *F* 7 P9
La Unión *E* 9 T6
La Vall de Uxió *E* 9 S6
Labino *HR* 19 P14
Labouheyre *F* 6 P6
Lacanau *F* 6 P6
Lagôa *P* 8 T2
Lagos *P* 8 T2
Laholm *S* 14 H13
Lahr *D* 16 M10
Lahti *FIN* 22 F19
Lairg *GB* 2 G4
Lakselv *N* 11 A19
Lalín *E* 8 Q2
Lamballe *F* 4 M5
Lamego *P* 8 R3
Lamía *GR* 31 S18
Lancaster *GB* 2 J5
Lanciano *I* 21 Q14
Landau *D* 16 M11
Landeck *A* 18 N12
Landivisiau *F* 4 M4
Landsberg *D* 16 M12
Landshut *D* 17 M13
Landskrona *S* 14 J13
Langeais *F* 6 N7
Langnau *CH* 18 N10
Langon *F* 6 P6
Langreo *E* 8 Q4
Langres *F* 7 N9
Lannemezan *F* 6 Q7
Lannion *F* 4 M5
Lanusei *I* 20 S11
Laon *F* 5 M8
Lapalisse *F* 7 N8
Lappeenranta *FIN* 23 F21
Lapseki *TR* 32 R20
Lapua *FIN* 22 E18
Lærdalsøyri *N* 12 F10
Laredo *E* 6 Q5
Lárisa *GR* 30 S18
Larne *GB* 2 J4
Larvik *N* 14 G12
Latina *I* 20 R13
Lauenburg *D* 16 K12
Laukaa *FIN* 22 E19
Launceston *GB* 4 L4
Lauria *I* 21 S14
Lausanne *CH* 7 N10
Laval *F* 6 M6
Lavaur *F* 7 Q7
Lavelanet *F* 9 Q7
Lavello *I* 21 R14
Lávrion *GR* 31 T19
Laxå *S* 15 G14
Le Blanc *F* 7 N7
Le Cateau *F* 5 L8
Le Conquet *F* 4 M4
Le Creusot *F* 7 N9
Le Croisic *F* 6 N5
Le Havre *F* 4 M7
Le Luc *F* 7 Q10
Le Mans *F* 6 N7
Le Mont-Dore *F* 7 P8
Le Mont-St.-Michel *F* 4 M6
Le Palais *F* 6 N5
Le Perthus *F* 9 Q8
Le Puy-en-Velay *F* 7 P8
Le Thillot *F* 16 N10
Le Touquet-Paris-Plage *F* 5 L7
Le Tréport *F* 5 L7
Le Val-d'Ajol *F* 16 N10
Le Verdon-sur-Mer *F* 6 P6
Lębork *PL* 15 J15
Lebrija *E* 8 T3
Lecce *I* 21 R16
Lecco *I* 18 P11
Lech *A* 18 N12
Lectoure *F* 6 Q7
Łęczyca *PL* 26 K16
Ledesma *E* 8 R4
Leeds *GB* 2 K6
Leer *D* 16 K10
Leeuwarden *NL* 5 K9
Leganés *E* 8 R5
Legionowo *PL* 26 K17
Legnago *I* 18 P12
Legnica *PL* 17 L15
Leicester *GB* 4 K6
Leiden *NL* 5 K9
Leipzig *D* 17 L13
Leiria *P* 8 S2
Leirvik *N* 12 G9
Leitrim *IRL* 2 K2
Lempdes *F* 7 P8
Lemvig *DK* 14 H11
Lendava *SLO* 19 N15
Lendery *RUS* 23 E22
Lens *F* 5 L8
Lentini *I* 21 T14
Leoben *A* 19 N14
Leominster *GB* 4 K5
León *E* 8 Q4
Leova *MD* 29 N21
Leppävirta *FIN* 22 E20
Lercara Friddi *I* 20 T13
Lerwick *GB* 2 F6
Les Sables-d'Olonne *F* 6 N6
Lesjaskog *N* 12 E11
Lesjaverk *N* 12 E11
Leskovac *YU* 28 Q17
Lesnoye *RUS* 25 G24
Lesparre-Médoc *F* 6 P6
Leszno *PL* 17 L15
Letterkenny *IRL* 2 J3
Leuven *B* 5 L9
Levádhia *GR* 31 S18
Levanger *N* 12 E12
Leverkusen *D* 16 L10
Levice *SK* 28 M16
Lezajsk *PL* 26 L18
Lezhë *AL* 30 R16
Lézignan-Corbières *F* 7 Q8
Liberec *CZ* 17 L14
Libourne *F* 6 P6
Licata *I* 20 T13
Lichfield *GB* 4 K6
Lida *BY* 27 K19
Lidköping *S* 14 G13
Lido di Ostia *I* 20 R13
Liège *B* 5 L9
Lieksa *FIN* 23 E22
Lienz *A* 19 N13
Liepāja *LV* 15 H17
Liezen *A* 19 N14
Lifford *IRL* 2 J3
Ligny-en-Barrois *F* 5 M9
Likhoslavl *RUS* 25 H24
Lilla Edet *S* 14 G13
Lille *F* 5 L8
Lillehammer *N* 12 F12
Lillers *F* 5 L8
Lillesand *N* 14 G11
Lillestrøm *N* 12 G12
Limbaži *LV* 24 H19
Limburg *D* 16 L11
Limerick *IRL* 3 K2
Limoges *F* 7 P7
Limone Piemonte *I* 18 P10
Limoux *F* 7 Q8
Linares *E* 8 S5
Lincoln *GB* 4 K6
Líndhos *GR* 32 T21
Lingen *D* 16 K10
Linköping *S* 15 G14
Linz *A* 17 M14
Linz *D* 16 L10
Lípari *I* 21 S14
Lipcani *MD* 29 M20
Liperi *FIN* 23 E21
Lipovets *UA* 27 M21
Lippstadt *D* 16 L11
Liptovský Milkuláš *SK* 26 M16
Liria *E* 9 S6
Lisboa *P* 8 S2
Lisburn *GB* 2 J3
Lisieux *F* 4 M7
Listowel *IRL* 3 K2
Lit *S* 13 E14
Litókhoron *GR* 30 R18
Litoměřice *CZ* 17 L14

O

O Carballino E 8 Q2
Oban GB 2 H4
Oberammergau D 18 N12
Oberhausen D 16 L10
Obninsk RUS 25 J25
Obrovac HR 19 P14
Ocaña E 8 S5
Ocniţa MD 29 M20
Odda N 12 F10
Odemira P 8 T2
Ödemiş TR 32 S21
Odense DK 14 J12
Ödeshög S 15 G14
Odintsovo RUS 25 J25
Odorheiu Secuiesc RO 29 N19
Odoyevo RUS 25 K25
Oeiras P 8 S2
Offenbach D 16 L11
Offenburg D 16 M10
Ogre LV 24 H19
Ohrid MK 30 R17
Okehampton GB 4 L4
Okulovka RUS 25 G23
Oława PL 17 L15
Ólbia I 20 R11
Olden N 12 F10
Oldenburg D 14 J12
Oldenburg D 16 K11
Oldham GB 3 K5
Oleksandriya UA 27 L20
Olenino RUS 25 H23
Oleśnica PL 17 L15
Olevsk UA 27 L20
Olhão P 8 T3
Olivares E 9 S5
Oliveira de Azemeis P 8 R2
Olivenza E 8 S3
Olivet F 7 N7
Olmedo E 8 R4
Olomouc CZ 17 M15
Olonets RUS 23 F23
Oloron-Ste.-Marie F 6 Q6
Olot E 9 Q8
Olsztyn PL 26 K17
Olten CH 18 N10
Olteniţa RO 29 P20
Omagh GB 2 J3
Omiš HR 19 Q15
Oña E 8 Q5
Onda E 9 S6
Oneşti RO 29 N20
Oostende B 5 L8
Opatija HR 19 P14
Opava CZ 17 M15
Opochka RUS 24 H21
Opole PL 17 L15
Oppdal N 12 E11
Oradea RO 28 N17
Orange F 7 P9
Oranienburg D 17 K13
Orbetello I 18 Q12
Ordes E 8 Q2
Orduña E 6 Q5
Örebro S 15 G14
Ören TR 32 T20
Orense E 8 Q3
Orestiás GR 30 R20
Orgaz E 8 S5
Orhaneli TR 32 S21
Orhangazi TR 32 R21
Orihuela E 9 S6
Orissaare EST 24 G18
Oristano I 20 S11
Orjiva E 8 T5
Orkanger N 12 E11
Orléans F 7 N7
Örnsköldsvik S 13 E16
Orosei I 20 R11
Orosháza H 28 N17
Orsa S 13 F14
Orsha BY 25 J22
Orşova RO 29 P18
Orta N 12 E10
Ortaca TR 32 T21
Orthez F 6 Q6
Ortigueira E 8 Q3
Ortona I 21 Q14
Orvieto I 19 Q13
Oryakhovo BG 29 Q18
Osby S 15 H14
Oschatz D 17 L13
Osijek HR 28 P16
Osintorf BY 25 J22
Oskarshamn S 15 H15
Oslo N 12 G12
Osnabrück D 16 K11
Osorno E 8 Q4
Osøyro N 12 F9
Ostashkov RUS 25 H23
Oster UA 27 L22
Östersund S 13 E14
Ostrava CZ 26 M16
Ostróda PL 26 K16
Ostroh UA 27 L20
Ostrołęka PL 26 K17
Ostrov RUS 24 H21
Ostrów Mazowiecka PL 26 K17
Ostrów Wielkopolski PL 17 L15
Ostrowiec-Świętokrzyski PL 26 L17
Ostuni I 21 R15
Osuna E 8 T4
Oswestry GB 4 K5
Oświęcim PL 26 L16
Otočac HR 19 P14
Otranto I 21 R16
Otwock PL 26 K17
Oudenaarde B 5 L8
Oulainen FIN 22 D19
Oulu FIN 11 D19
Outokumpu FIN 23 E21
Ovar P 8 R2
Överkalix S 11 C18
Övertorneå S 11 C18
Oviedo E 8 Q4
Øvre Årdal N 12 F10
Ovruch UA 27 L21
Oxelösund S 15 G15
Oxford GB 4 L6
Özd H 28 M17
Ozieri I 20 R11

P

Pabianice PL 26 L16
Pačane HR 19 P14
Paceco I 20 T13
Pachino I 21 T14
Padany RUS 23 E23
Paderborn D 16 L11
Pádova I 18 P12
Padrón E 8 Q2
Paide EST 24 G19
Paimpol F 4 M5
Paisley GB 2 J4
Pajala S 11 C16
Paks H 28 N16
Palafrugell E 9 R8
Palaiokhóra GR 31 U18
Palamós E 9 R8
Palanga LT 15 J17
Palau I 20 R11
Paldiski EST 22 G19
Palencia E 8 Q4
Palermo I 20 S13
Palma de Mallorca E 9 S8
Palma del Río E 8 T4
Palmi I 21 S14
Pamplona E 9 Q6
Panagyurishte BG 30 Q19
Pančevo YU 28 P17
Panevėžys LT 24 J19
Páola I 21 S15
Pápa H 28 N15
Papenburg D 16 K10
Parainen FIN 22 F18
Parakhino Paddubye RUS 25 G23
Paray-le-Monial F 7 N9
Parchim D 16 K12
Pardubice CZ 17 L14
Parfino RUS 25 H22
Párga GR 30 S17
Parikkala FIN 23 F21
Paris F 5 M8
Parkano FIN 22 E18
Parla E 8 R5
Parma I 18 P12
Pärnu EST 24 G19
Parthenay F 6 N6
Partinico I 20 T13
Paşcani RO 29 N20
Pasewalk PL 17 K13
Passau D 17 M13
Pastavy BY 24 J20
Paternò I 21 T14
Pátrai GR 30 S17
Patti I 21 S14
Pau F 6 Q6
Pávilosta LV 15 H17
Pavullo nel Frignano I 18 P12
Payerne CH 18 N10
Pazardzhik BG 30 Q19
Pazin HR 19 P13
Peć YU 30 Q17
Pechenga RUS 11 B22
Pechenizhyn UA 29 M19
Pecica RO 28 N17
Pečory RUS 24 H20
Pedro Muñoz E 8 S5
Peebles GB 2 J5
Peine D 16 K12
Pelkosenniemi FIN 11 C20
Pello FIN 11 C19
Pembroke GB 4 L4
Peñafiel P 8 R3
Penamacôr P 8 R3
Peñaranda de Bracamonte E 8 R4
Peñarroya-Pueblonuevo E 8 S4
Peniche P 8 S2
Peno RUS 25 H23
Penrith GB 2 J5
Penzance GB 4 L4
Périgueux F 6 P7
Perleberg D 16 K12
Pernik BG 30 Q18
Péronne F 5 M8
Perpignan F 9 Q8
Perros-Guirec F 4 M5
Perth GB 2 H5
Pertuis F 7 Q9
Perúgia I 19 Q13
Pésaro I 19 Q13
Pescara I 19 Q14
Peshkopi AL 30 R17
Pestovo RUS 25 G24
Peterborough GB 4 K6
Peterhead GB 2 H6
Petrich BG 30 R18
Petrodvorets RUS 23 G21
Petroşani RO 29 P18
Petrovaradin YU 28 P16
Petrovsky Yam RUS 23 E24
Petrozavodsk RUS 23 F24
Pézenas F 7 Q8
Pforzheim D 16 M11
Philippeville B 5 L9
Piacenza I 18 P11
Pianoro I 18 P12
Piatra Neamţ RO 29 N20
Piazza Armerina I 21 T14
Pieksämäki FIN 22 E20
Pierrelatte F 7 P9
Pieštany SK 17 M15
Pietarsaari FIN 22 E18
Pietrasanta I 18 P12
Pikalevo RUS 23 G24
Piła PL 17 K14
Pílos GR 31 T17
Pinarhisar TR 32 R20
Pińczów PL 26 L17
Pinerolo I 18 P10
Pinhel P 8 R3
Pinsk BY 26 K20
Piombino I 18 Q12
Piotrków Trybunalski PL 26 L16
Piraiévs GR 31 T18
Piran SLO 19 P13
Pírgos GR 31 T17
Pirmasens F 16 M10
Pirot YU 29 Q18
Pisa I 18 P11
Pisciotta I 21 R14
Písek CZ 17 M14
Pistóia I 18 P12
Piteå S 10 D17
Piteşti RO 29 P19
Pithiviers F 7 M8
Pitkyaranta RUS 23 F22
Pitlochry GB 2 H5
Plasencia E 8 R3
Plátanos GR 31 U18
Plau D 17 K13
Plauen D 17 L13
Plavinas LV 24 H19
Plavsk RUS 25 K25
Pléneuf-Val-André F 4 M5
Pleven BG 29 Q19
Plevlja YU 28 P16
Płock PL 26 K16
Ploërmel F 6 N6
Ploieşti RO 29 P20
Plön D 14 J12
Plovdiv BG 30 Q19
Plungė LT 15 J17
Plymouth GB 4 L4
Plyusa RUS 24 G21
Plzeň CZ 17 M13
Pniewy PL 17 K15
Pobra de Trives E 8 Q3
Pochinok RUS 25 J23
Podgorica YU 30 Q16
Podolsk RUS 25 J25
Podporozhy RUS 23 F23
Poggibonsi I 18 Q12
Poitiers F 6 N7
Poix de Picardie F 5 M7
Pola E 8 Q4
Pola de Lena E 8 Q4
Pola de Siero E 8 Q4
Polatsk BY 24 J21
Polessk RUS 15 J17
Police PL 17 K14
Policoro I 21 R15
Poligny F 7 N9
Políyiros GR 31 R18
Polna RUS 24 G21
Polonne UA 27 L20
Pöltsamaa EST 24 G20
Pombal P 8 S2
Pomézia I 20 R13
Pomorie BG 30 Q20
Pompei I 21 R14
Ponferrada E 8 Q3
Pons F 6 P6
Pont-l'Abbé F 6 N4
Pont-St.-Esprit F 7 P9
Pontarlier F 18 N10
Ponte de Sor P 8 S3
Ponteareas E 8 Q2
Pontedera I 18 Q12
Pontedeume E 8 Q2
Pontevedra E 8 Q2
Pontivy F 6 M5
Pontoise F 5 M8
Pontrémoli I 18 P11
Poole GB 4 L6
Pópoli I 21 Q14
Poprád SK 26 M17
Pordenone I 19 P13
Poreč HR 19 P13
Pori FIN 22 F17
Porjus S 10 C16
Porkhov RUS 24 H21
Pornic F 6 N5
Porrentruy CH 18 N10
Porsgrunn N 14 G11
Port Askaig GB 2 J3
Port Ellen GB 2 J3
Port Laoise IRL 3 K3
Port Talbot GB 4 L5
Port-Vendres F 9 Q8
Portadown GB 2 J3
Portalegre P 8 S3
Portbou E 9 Q8
Porthmadog GB 4 K4
Portimão P 8 T2
Porto P 8 R2
Porto Empédocle I 20 T13
Porto Santo Stéfano I 18 Q12
Pórto Tórres I 20 R11
Porto-Vecchio F 20 R11
Portoferráio I 18 Q12
Portogruaro I 19 P13
Portomaggiore I 18 P12
Portoscuso I 20 S11
Portree GB 2 H3
Portsmouth GB 4 L6
Portumna IRL 3 K2
Porvoo FIN 22 F19
Posadas E 8 T4
Postojna SLO 19 P14
Potenza I 21 R14
Potes E 8 Q4
Potsdam D 17 K13
Považská Bystrica SK 26 M16
Povenets RUS 23 E24
Póvoa de Varzim P 8 R2
Požarevac YU 28 P17
Poznań PL 17 K15
Pozoblanco E 8 S4
Pozzuoli I 21 R14
Praha CZ 17 L14
Práia a Mare I 21 S14
Prato I 18 Q12
Pré-en-Pail F 4 M6
Preili LV 24 H20
Prenzlau D 17 K13
Přerov CZ 17 M15
Prešov SK 26 M17
Preston GB 3 K5
Préveza GR 31 S17
Priboj YU 28 Q16
Přibram CZ 17 M14
Priego de Córdoba E 8 T4
Priekule LV 15 H17
Prienai LT 24 J18
Prievidza SK 26 M16
Prijedor BIH 19 P15
Prijepolje YU 28 Q16
Prilep MK 30 R17
Primorsk RUS 23 F21
Priozersk RUS 23 F22
Priština YU 30 Q17
Pritzwalk D 17 K13
Privas F 7 P9
Prizren YU 30 Q17
Proença-a-Nova P 8 S3
Prokuplje YU 28 Q17
Prostějov CZ 17 M15
Provins F 5 M8
Prozor BIH 28 Q15
Prudnik PL 17 L15
Prüm D 5 L10
Pruszków PL 26 K17
Pruzhany BY 26 K19
Przemyśl PL 26 M18
Psków RUS 24 H21
Ptolemais GR 30 R17
Pudasjärvi FIN 11 D20
Pudozh RUS 23 F25
Puerto Real E 8 T3
Puertollano E 8 S4
Puigcerdà E 9 Q7
Pukë AL 30 Q16
Pula HR 19 P13
Pula I 20 S11
Puławy PL 26 L17
Pułtusk PL 26 K17
Pushkin RUS 23 G22
Pustoshka RUS 24 H21
Putignano I 21 R15
Puttgarden D 14 J12
Pwllheli GB 4 K4
Pyetrikaw BY 27 K21
Pyhäjärvi FIN 22 E19
Pytalovo RUS 24 H20

Q

Quartu Sant'Élena I 20 S11
Quiberon F 6 N5
Quillan F 9 Q8
Quimper F 6 N4
Quimperlé F 6 N5
Quintanar de la Orden E 8 S5

R

Raahe FIN 22 D19
Raalte NL 5 K10
Rabastens F 7 Q7
Racibórz PL 26 L16
Rădăuţi RO 29 N19
Radekhiv UA 27 L19
Radom PL 26 L16
Radomsko PL 26 L16
Radomyshl UA 27 L21
Radstadt A 19 N13
Radviliškis LT 24 J18
Raffadali I 20 T13
Ragachow BY 27 K22
Ragusa I 21 T14
Raisio FIN 22 F17
Raja Jooseppi RUS 11 B21
Rajamäki FIN 22 F19
Rakkestad N 14 G12
Rakovica HR 19 P14
Rakovník CZ 17 L13
Rakvere EST 22 G20
Rambouillet F 5 M7
Râmnicu Vâlcea RO 29 P19
Randazzo I 21 T14
Randers DK 14 H12
Rapallo I 18 P11
Rapla EST 24 G19
Raseiniai LT 24 J18
Rastatt D 16 M11
Rátansbyn S 13 E14
Rathenow D 17 K13
Ratne UA 27 L19
Raufoss N 12 F12
Rauma FIN 22 F17
Rautavaara FIN 23 E21
Rava-Rus'ka UA 26 L18
Ravenna I 19 P13
Ravensburg D 16 N11
Rawa Mazowiecka PL 17 L17
Rawicz PL 17 L15
Razgrad BG 29 Q20
Reading GB 4 L6
Reboly RUS 23 E22
Recaş RO 28 P17
Rechytsa BY 27 K22
Redcar GB 2 J6
Redditch GB 4 K6
Redkino RUS 25 H25
Redon F 6 N5
Redondela E 8 Q2
Regalbuto I 21 T14
Regensburg D 17 M13
Réggio di Calábria I 21 S14
Réggio nell'Emilia I 18 P12
Reghin RO 29 N19
Reguengos de Monsaraz P 8 S3
Reichenbach D 17 L13
Reigate GB 4 L6
Reims F 5 M9
Reinosa E 8 Q4
Remich L 5 M10
Remiremont F 16 M10
Remscheid D 16 L10
Rende I 21 S15
Rendsburg D 14 J11
Reni UA 29 P21
Rennes F 6 M6
Requena E 9 S6
Reşiţa RO 28 P17
Rethel F 5 M9
Réthimnon GR 31 U19
Reus E 9 R7
Reutlingen D 16 M11
Rezekne LV 24 H20
Rezovo BG 32 R21
Rhayader GB 4 K5
Rheine D 16 K10
Rhondda GB 4 L5
Rhyl GB 4 K5
Ribadeo E 8 Q3
Ribadesella E 8 Q4
Ribe DK 14 J11
Ribera I 20 T13
Ribes de Freser E 9 Q8
Riccione I 19 Q13
Richmond GB 3 J6
Ried I 19 N13
Riedlingen D 16 M11
Rieti I 19 Q13
Rïga LV 24 H19
Rihimäki FIN 22 F19
Rijeka HR 19 P14
Rimavská Sobota SK 28 M17
Rímini I 19 P13
Rîmnicu Sârat RO 29 P20
Ringkøbing DK 14 H11
Ringsted DK 14 J12
Riom F 7 P8
Rionero in Vúlture I 21 R14
Rîpoll E 9 Q8
Ripon GB 2 J6
Risan YU 21 Q16
Risør N 14 G11
Risøyhamn N 10 B14
Riva del Garda I 18 P12
Rivne UA 27 L20
Rívoli I 18 P10
Rjukan N 12 G11
Roanne F 7 N9
Robledo E 9 S5
Rocamadour F 7 P7
Roccastrada I 18 Q12
Rochefort F 6 P6
Rødbyhavn DK 14 J12
Rodez F 7 P8
Ródhos GR 32 T21
Roeselare B 5 L8
Rogatica BIH 28 Q16
Rogatyn UA 27 M19
Roja LV 24 H18
Rokiškis LT 24 J19
Røldal N 12 G10
Roma I 20 R13
Roma S 15 H16
Roman RO 29 N20
Romans-sur-Isère F 7 P9
Romorantin-Lanthenay F 7 N7
Ronda E 8 T4
Rønne DK 15 J14
Roquetas de Mar E 9 T5
Røros N 12 E12
Rorschach CH 18 N11
Rørvik N 12 D12
Rosarno I 21 S14
Roscoff F 4 M4
Roscommon IRL 3 K2
Rosenheim D 17 N13
Rosignano Marittimo I 18 Q12
Roşiori-de-Vede RO 29 P19
Roskilde DK 14 J13
Roslavl RUS 25 K23
Rossano I 21 S15
Rosslare IRL 3 K3
Rostock D 14 J13
Rotenburg D 16 K11
Roth D 16 M12
Rothenburg ob der Tauber D 16 M12
Rotherham GB 3 K6
Rothesay GB 2 J4
Rotterdam NL 5 L9
Rottweil D 16 M11
Roubaix F 5 L8
Rouen F 5 M7
Rovaniemi FIN 11 C19
Rovereto I 18 P12
Rovigo I 18 P12
Rovinj HR 19 P13
Royal Tunbridge Wells GB 4 L7
Royan F 6 P6
Roye F 5 M8
Rozhyshche UA 27 L19
Rožňava SK 28 M17
Rudnya RUS 25 J22
Rudozem BG 30 R19
Ruffec F 6 N7
Rugby GB 4 K6
Rugozero RUS 23 D23
Rumia PL 15 J16
Ruokolahti FIN 23 F21
Ruse BG 29 Q20
Ružomberok SK 26 M16
Rypin PL 26 K16
Rzeszów PL 26 L17
Rzhev RUS 25 H24

S

Saalfeld D 16 L12
Saarbrücken D 16 M10
Saarijärvi FIN 22 E19
Šabac YU 28 P16
Sabadell E 9 R8
Sablé-sur-Sarthe F 6 N6
Sæby DK 14 H12
Sacedón E 9 R5
Sacile I 19 P13
Säffle S 14 G13
Safonovo RUS 25 J23
Sagres P 8 T2
Sagunto E 9 S6
Sahy SK 28 M16
St.-Affrique F 7 P8
St.-Agrève F 7 P9
St. Albans GB 4 L6
St.-Amand-Mont-Rond F 7 N8
St. Andrä A 19 N14
St.-André-de-Cubzac F 6 P6